Kommunikation im Krankenhaus B1/B2

1000 nützliche Redewendungen für Ärzte und Pflegekräfte

von Melanie Böck
und Hans-Heinrich Rohrer

Ernst Klett Sprachen

Stuttgart

Kommunikation im Krankenhaus von Melanie Böck und Hans-Heinrich Rohrer

Cover: 123RF.com (Alexander Raths), Nidderau
Illustrationen: Nikola Lainović

1. Auflage 11 | 2025

www.klett-sprachen.de

Satz: Franzis print & media GmbH, München
Druck und Bindung: Plump Druck & Medien GmbH, Rheinbreitbach

Printed in Germany
ISBN 978-3-12-605162-0

PEFC
PEFC/04-31-3752
Förderung nachhaltiger Waldbewirtschaftung
www.pefc.de

Inhalt

Vorwort

Über dieses Buch

Herzlich willkommen! Sie wollen zusammen mit einheimischen Kollegen in Krankenhäusern, Senioreneinrichtung oder in der ambulanten Pflege als Pflegekraft oder Arzt bzw. Ärztin im deutschsprachigen Raum arbeiten. Dafür ist eine gute Kenntnis der deutschen Sprache für alle Beteiligten wichtig. Nicht nur die Zusammenarbeit mit den Kolleginnen und Kollegen im Haus und außerhalb erfordert effiziente und genaue Sprachkenntnisse, auch die Gespräche mit den Patienten, Bewohnern und den Angehörigen verlangen eine umfassende, aber auch einfühlsame Sprachbeherrschung. Dabei muss das medizinische und pflegerische Personal je nach Situation immer wieder zwischen der fachsprachlichen, der berufssprachlichen und der alltäglichen Sprachebene wechseln. Feste Redewendungen, wie sie in den vielfältigen Situationen immer wieder gebraucht werden, erleichtern für alle Beteiligten den beruflichen und sozialen Alltag. Dabei sind auch Kenntnisse der Begriffe der deutschen Medizin- und Pflegesprache, der Geräte und Untersuchungsmethoden sowie ein gewisses Grundwissen des deutschen Gesundheits- und Sozialwesens für eine erfolgreiche Arbeit notwendig.
Nicht zuletzt ist es vorteilhaft, wenn man sprachlich auf mögliche interkulturelle Missverständnisse in der Kommunikation zwischen Ärzten, Pflegekräften, Patienten und Angehörigen vorbereitet ist.

Kommunikation im Krankenhaus B1/B2 dient als ständiger Begleiter beim Erlernen der gebräuchlichsten Redewendungen in vierzehn beruflichen Kontaktbereichen, so wie sie in Kliniken, Pflege- und Senioreneinrichtungen vorkommen. Manche Redemittel werden Sie je nach Ihrer Funktion selbst gebrauchen, andere sollten Sie zumindest passiv kennen.
Der **Grundwortschatz Deutsch Pflege/Medizin**, wie er von **telc** (The European Language Certificates) als Voraussetzung für die Tests **telc Deutsch B1-B2 Pflege** und **telc B2-C1 Medizin** vorgesehen ist, wird in diesem Buch bearbeitet und in den Redemitteln eingesetzt.

Kommunikation im Krankenhaus B1/B2 enthält die wichtigsten Redewendungen und Begriffe und erhebt keinen Anspruch auf Vollständigkeit. Je nach Einsatzgebiet, im Krankenhaus oder in einer Pflegeeinrichtung, kommen weitere Begriffe und Redewendungen dazu. Mögliche regionale Varianten können Sie nur vor Ort lernen.

Hinweise zur Benutzung

Kommunikation im Krankenhaus B1/B2 kann zum Selbstlernen oder kursbegleitend zu **Deutsch im Krankenhaus Neu** oder einem allgemeinsprachlichen Deutschkurs eingesetzt werden.
Das Buch ersetzt keinen Sprachkurs und keine Grammatik und geht von einer Sprachbeherrschung ab dem Niveau A2 aus.
Der erste Teil, **Situationen im Berufsalltag**, ist thematisch nach einzelnen Situationen wie Begrüßung, Patientenaufnahme usw. aufgebaut. Mit diesen kleinen Handlungsszenarien können Sie sich Schritt für Schritt auf die einzelnen Arbeitsgebiete und ihre sprachlichen Anforderungen vorbereiten. Kleine Exkurse geben einen Einblick in das deutsche Gesundheits- und Sozialwesen.
Es folgt das **Alphabetische Verzeichnis**, nach Stichwörtern geordnet, von A wie „Abkürzungen" bis Z wie „Zusatzangebote".
Der dritte Teil enthält drei **Glossare**: zu Körperteilen und Organen, zu Krankheiten und zu Arbeitsmitteln, Geräten, Dokumenten und Räumen, wobei in der ersten Spalte jeweils der im Deutschen gebräuchliche Begriff, in der zweiten Spalte der internationale Terminus dargestellt werden. In der dritten Spalte können Sie selbst den Begriff in Ihrer Muttersprache eintragen.
Ein **Verzeichnis** medizinischer und pflegerischer **Abkürzungen** und eine **Buchstabiertafel** sowie **Zahlen und Monatsangaben** schließen das Buch ab.

Für Anregungen bedanken sich die Autoren bei den Pflegekräften des Deutschen Herzzentrums München und Dr. M. Bogatsch, für die kritische Durchsicht des Manuskripts bei Karin Ploch, Diakonie München.

Viel Erfolg beim Lernen wünschen Melanie Böck, Augsburg und Hans-Heinrich Rohrer, München.

Abkürzungsverzeichnis

A	Austria *(Kraftfahrzeugkennzeichen für Österreich)*
AB („A-be“)	Anrufbeantworter
bzw.	beziehungsweise
ca.	circa/zirka *(ungefähr)*
CH	Confoederatio Helvetica *(Kfz-Kennzeichen Schweiz)*
D	*(Kfz-Kennzeichen Deutschland)*
D A CH (nur in Lehrmaterialien)	Deutschland (D), Österreich (A) und Schweiz (CH)
d. h.	das heißt
DIN („Din“)	Deutsches Institut für Normung e. V.
EDV	Elektronische Datenverarbeitung
etc.	et cetera (und so weiter)
e. V.	eingetragener Verein
evtl.	eventuell
f./ff.	folgende (Seite) / folgende (Seiten)
fam.	familiär (vertraut)
gez.	gezeichnet (unterschrieben von)
ggf.	gegebenenfalls
Hz./Hdz.	Handzeichen, Namenskürzel statt Unterschrift
idiom.	idiomatisch *(bei feststehenden Wendungen)*
i.d.R.	in der Regel
LG/lg	Liebe Grüße *(am Ende von SMS/E-Mails)*
lt.	laut
M. f. G. / MfG	Mit freundlichen Grüßen *(am Ende von SMS/E-Mails)*
Min.	Minute
Nr.	Nummer
reg.	regional
s. (a.)	siehe (auch)
S.	Seite
Std.	Stunde
stv.	stellvertretend
süddt.	süddeutsch
tgl.	täglich
u. a.	unter anderem
ugs.	umgangssprachlich
usw.	und so weiter
v. a.	vor allem
vgl.	vergleiche
z. T.	zum Teil
z. B.	zum Beispiel
z. Zt.	zur Zeit

Medizinische und pflegerische Abkürzungen s. S. 209 ff.

Situationen im Berufsalltag

1 Erster Arbeitstag, Begrüßung, Dienstpläne

sich selbst vorstellen und jemanden begrüßen

- Guten Morgen, ich bin Schwester Ana / ich bin Pfleger Rui.
- Guten Morgen, ich bin Frau Hofer, Gesundheits- und Krankenpflegerin hier auf Station.
- Hallo, ich bin Schülerin/Lernschwester Susanne.
- Guten Tag, ich bin Doktor Stavroulos.
- Darf ich mich vorstellen? Mein Name ist …

sich bei Patienten und Angehörigen vorstellen

- Guten Morgen, Frau …, ich bin Schwester Lydia.
- Guten Abend, ich bin Pfleger Paul und habe heute Nachtdienst.
- Guten Abend. Ich bin Herr Kraus / Frau Hofers und habe heute Spätdienst.
- Guten Abend, ich bin Doktor Schirmer und habe Wochenenddienst.

jemanden vorstellen

- Das ist unser neuer Kollege Pedro.
- Das ist unsere neue Stationsärztin, Frau Doktor Ratiskaya. Sie kommt aus …

- Darf ich vorstellen, das ist Monika / Frau Sanchez aus ...
- Ich möchte euch unsere neue Kollegin, Frau ... vorstellen.

jemanden mit Funktion und Ausbildung vorstellen

- Guten Morgen, ich bin Schwester (Sr.) Monica und komme aus Portugal. Dort habe ich auf der Chirurgie gearbeitet / ein Studium / eine Ausbildung als Intensivpflegerin/... gemacht.
- Das ist Pfleger (Pfl.) Marcin Flasza, er fängt heute im Wohnbereich 5 an.
- Hallo, ich bin Frau Kraus, die neue Gesundheits- und Krankenpflegerin auf Station.
- Guten Morgen, mein Name ist Barbara. Ich bin hier die Stationsleitung/Wohnbereichsleitung.
- Guten Tag, ich bin Frau Maier, die Pflegedienstleitung (PDL).
- Mein Name ist Doktor ..., ich bin der neue Oberarzt/Stationsarzt/Assistenzarzt/...
- Ich arbeite auf Station 3 und bin Kardiologe/Anästhesist/...

Übersicht über die Berufsbezeichnungen im Krankenhaus

Chefarzt/Chefärztin/Professor/in

Oberarzt/Oberärztin

die Pflegedienstleitung/Pflegedienstdirektor/in

die Oberin (in kirchlichen oder caritativen Häusern)

Stationsarzt/-ärztin

Assistenzarzt/-ärztin

Medizinstudent/in im praktischen Jahr

die Stationsleitung/Stationsschwester / der Krankenpfleger

Gesundheits- und Krankenpfleger/in, Pflegefachkraft

die Krankenschwester / der Krankenpfleger

Krankenpflegehelfer/in, Pflegefachhelfer/in

Pflegeassistent/in

Gesundheits- und Krankenpflegeschüler/in

Berufsbezeichnungen in einer Senioren- oder Pflegeeinrichtung

Einrichtungsleiter/in

die Pflegedienstleitung

die Hausdame/Wohnbereichsleitung

die Stationsleitung/Stationsschwester / der/die Stationsleiter/in

Altenpfleger/in oder Gesundheits- und Krankenpfleger/in

Pflegefachhelfer/in, Pflegehelfer/in

im Speisesaal: die Servierkraft / Präsenzkräfte

In der Regel stellt sich das Pflegepersonal mit Schwester oder Pfleger und Vornamen vor und wird auch so von den Patienten und Ärzten gerufen.

Mit der neuen Berufsbezeichnung Gesundheits- und Krankenpfleger/in hat sich in manchen Kliniken auch die Ansprache mit Herr/Frau und Familienname durchgesetzt. Die Anrede mit Schwester und Pfleger fällt dabei weg.

Fragen Sie Ihre Kolleginnen und Kollegen, welche Anrede bei Ihnen üblich ist.

auf eine Begrüßung und Vorstellung reagieren

- Guten Tag! Herzlich willkommen, Schwester Svetlana / Frau Swoboda!
- Freut mich, Sie kennenzulernen. Mein Name ist Dinh. Ich komme aus Vietnam.
- Schwester Dinh aus Vietnam, habe ich Sie richtig verstanden? Wie schreibt man das?
- De – I – eN – Ha.
- Ist das der Vorname oder der Nachname?
- Das ist der Vorname.
- Also, bei uns sagen wir auf Station / im Pflegeteam „du“.
- Wir Kollegen duzen uns hier auf Station.
- Wir sagen auf Station „du“ zueinander.
- Hallo, ich bin Emil. Darf ich „du“ sagen?

- ■ Wir sprechen uns hier mit dem Vornamen und „Sie“ an, also ich bin die Katharina.
- ■ Ich freue mich auf eine gute Zusammenarbeit.

In der täglichen Arbeit auf der Station sprechen sich die meisten Kollegen und jüngeren Ärzte mit „du“ an. Personen mit einer höheren Funktion, z.B. Chefärzte, Oberärzte oder die Pflegedienstleitung werden mit „Sie“ angesprochen. Patienten, Bewohner und Angehörige spricht man mit „Sie“ an.
Im Kontakt zu anderen Stationen oder zur Verwaltung gilt „Sie“. Das kann sich im Lauf der Zusammenarbeit jedoch ändern.
„Guten Morgen“ sagt man bis ca. 11 Uhr, „Guten Tag“ von ca. 11 bis 17 Uhr, „Guten Abend“ ab ca. 17 Uhr, „Gute Nacht“ zur Verabschiedung ab 21 Uhr.

nach dem Befinden fragen und reagieren

bei Kollegen:

- ■ Wie geht's?
- □ Danke, gut! Und dir?
- ■ Wie geht es Ihnen?
- □ Danke, sehr gut! Und Ihnen?
- ■ Was gibt es Neues?
- □ Nichts Besonderes.
- ■ Wie war die Nacht?
- □ Alles in Ordnung. / Leider anstrengend.
- ■ Wie war dein Wochenenddienst?
- □ Relativ ruhig / normal / stressig / viel zu tun / …

bei Patienten:

- ■ Wie geht es Ihnen heute?
- □ Gut / Nicht so gut.
- ■ Wie fühlen Sie sich heute?
- □ Danke, besser.
- ■ Haben Sie gut geschlafen?
- □ Ja, gut / Es geht / …
- ■ Wie war die Nacht?
- □ Sehr gut, danke.

sich verabschieden

- Auf Wiedersehen!
- Bis bald!
- Bis morgen / Bis Montag / ...!
- Tschüss/Tag/...!
- *modisch/regional:* Ciao / ...!

während des Dienstes zum Patienten:
- Bis später / Bis gleich / Bis nachher!
- Rufen Sie mich, wenn Sie mich brauchen.
- Klingeln Sie einfach, wenn Sie Hilfe brauchen.
- Schlafen Sie gut!

sich mit guten Wünschen begegnen und reagieren

- ■ Ich wünsche Ihnen einen angenehmen Tag!
- □ Danke!
- ■ Schönen Feierabend!
- □ Vielen Dank!
- ■ Schönes Wochenende!
- □ Danke, gleichfalls!
- ■ Gute Nacht!
- □ Ihnen/Dir auch!
- ■ Ruhigen Dienst / Ruhige Nacht!

bei Patienten:
- Alles Gute!
- Gute Besserung!
- Erholen Sie sich gut / Machen Sie es gut.

> Neben Tschüss, Ciao, Grüß Gott, Hallo und Servus gibt es noch viele regionale Varianten und Redewendungen, die in den einzelnen Dialekten üblich sind. Man sollte sie aber erst verwenden, wenn man sicher ist, dass man den richtigen Ton trifft. Bestimmte Formeln wie „Einen schönen Tag noch“ sind in Mode. Im Zweifel sollte man aber zunächst die Standardformeln verwenden.

Etikette: Titel beim Vorstellen

In Deutschland hat die berufliche Position oft einen höheren Stellenwert als das Geschlecht. So wird in der Regel zuerst der Chefarzt und erst dann die weibliche Person vorgestellt.
In Situationen, in denen die Position nicht bekannt oder ersichtlich ist, wird die Dame zuerst vorgestellt.
In Deutschland und der Schweiz wird in der Regel nur der Doktor- oder Professorentitel genannt. In Österreich wird auch manchmal der Magister in der Anrede genannt.
Oft wird schon beim ersten Arbeitskontakt geklärt, wie z.B. die Ärzteschaft oder Pflegekräfte angesprochen werden wollen.

Fragen rund um den Dienst

- ■ Wie lange geht der Frühdienst?
- □ Von ... Uhr bis ... Uhr.
- ■ Wann beginnt/endet der Bereitschaftsdienst?
- □ Um ...
- ■ Wann ist der neue Dienstplan fertig?
- □ Nächste Woche.
- ■ Gibt es schon einen neuen Dienstplan?
- □ Ja, er hängt im Stationszimmer.
- ■ Wer hat am Wochenende Bereitschaftsdienst?
- □ Doktor Schreiner.
- ■ Könnte ich über Ostern/Pfingsten/Weihnachten frei haben?
- ■ Wer möchte an Silvester Dienst machen?
- ■ Wer ist freiwillig bereit (am) nächsten Feiertag zu arbeiten?

den Dienst tauschen

- ■ Ich bräuchte am Dienstag Frühdienst. Wer könnte mit mir tauschen?
- ■ Könntest du nächstes Wochenende mit mir den Spätdienst tauschen?
- ■ Könntest du bitte nächstes Wochenende meinen Dienst übernehmen / Dienst für mich machen?

reagieren

- Nein, tut mir leid. Ich habe da selbst einen Termin.
- Nein, das geht leider nicht, da habe ich eine Einladung.
- Tut mir leid, aber da habe ich schon etwas ausgemacht / da habe ich schon etwas vor. Frag doch mal Thomas/...

- Ja, (das) kann ich machen / das geht.
- Kein Problem, (das) mache ich gern.
- Frühdienst passt mir am Montag auch.

- Warte, ich muss erst mal in meinen Terminkalender schauen.
- Ich gebe dir morgen Bescheid, okay?

In der Regel hat das Pflegepersonal Früh-, Spät-, Nacht- oder Zwischendienst.
Ärzte haben in der Regel zusätzlich zu normalen Dienstzeiten Bereitschafts-, Ruf-, Not- und Wochenenddienste.
Die Dienstzeiten können von Einrichtung zu Einrichtung variieren.
Zwar ist es Privatsache, warum man seinen Dienst tauschen möchte. Die Kollegen haben aber sicher mehr Verständnis, wenn man den Grund dafür nennt, wie einen wichtigen Arztbesuch oder den Gang auf ein Amt.
Und in Deutschland sagt man: „Eine Hand wäscht die andere", was so viel bedeutet wie: Hilfst du mir, dann helfe ich auch dir.

Sprichwörter und Redensarten

„Morgenstund' hat Gold im Mund", kann man sagen, um auszudrücken, dass der Morgen die beste Zeit ist, um eine Arbeit zu verrichten.

Lerntipps

Wen kenne ich und wie spreche ich die Personen an? Was habe ich auf der Station oder auf der Straße gehört/beobachtet?

Manchmal hören Sie auch Grußformeln, die Sie nicht im Lehrbuch oder im Unterricht gelernt haben. Fragen Sie Ihre Kollegen oder die Lehrer, wann Sie diese benutzen können und ob es vielleicht regionale Varianten sind.

Grußformel	kulturelle Variante	regionale Variante
„Grüezi!“		Schweizerdeutsch

Notizen

2 Krankenhaus und Senioreneinrichtung

sich auf Stationen und Abteilungen räumlich orientieren

- Hier ist das Stationszimmer. Nebenan ist das Schwesternzimmer / der Stationsstützpunkt und gegenüber sind die Toiletten und der unreine Raum.
- Rechts vor der Glastür finden Sie die Stationsküche.
- Der Empfang, die Pforte, die Zentrale, die Notaufnahme, die Ambulanz und die Cafeteria sind im Erdgeschoss.
- Das Zentrallabor, die Computer- und Magnetresonanztomographie sind im Keller.
- Die Intensivstation ist im fünften Stock.
- Die Personalabteilung und die Verwaltung sind im Nebengebäude.

Wegbeschreibungen von Kollegen erfragen und verstehen

- Kannst du mir bitte sagen, wo die Sonographie ist / wie ich zur Sonographie komme?
- □ Geh/Fahr mit dem Aufzug in den dritten Stock, dort ist sie.
- Wo bitte geht's zum Röntgen / zur Radiologie?
- Wo ist der OP-Trakt?

- ■ Wo finde ich das EKG? □ Im zweiten Stock.
- ■ Ist es richtig, dass das Labor im Keller ist? □ Ja, das stimmt.
- ■ Wo ist auf unserer Station der Geräteraum?
- □ Im Gang ganz hinten, neben dem unreinen Raum.
- ■ Elena, geh mal auf die Eins (das Untersuchungszimmer 1), der Chef ist schon drin.
- □ Hab' ich dich richtig verstanden? Der Chef wartet schon in Raum 1?

Patienten und Angehörigen den Weg weisen

- ■ Schwester, ich soll in die HNO(Hals-Nasen-Ohren)-Abteilung. Wie komme ich dahin?
- □ Den Flur entlang durch die Glastür und dann fahren Sie mit dem Lift/Fahrstuhl in den 4. Stock. Dort ist die HNO. Melden Sie sich im Stationszimmer.
- ■ Kann man sich im Haus etwas zu trinken kaufen?
- □ Ja, im Erdgeschoss neben der Cafeteria ist ein Kiosk.
- ■ Wo können wir Angehörigen warten, solange die Patienten noch versorgt werden?
- □ Auf jeder Station gibt es einen Warteraum / ein Besucherzimmer – oder unten im Café.
- ■ Wenn wir noch Fragen zur Reha haben, wohin / an wen können wir uns wenden?
- □ Gehen Sie zum Sozialdienst. Das Büro finden Sie unten im Eingangsbereich neben der Kapelle.
- ■ Wie finde ich den Weg zum Speisesaal / zur Kapelle / zum Frisör?
- ■ Wo finde ich hier im Haus die Fußpflege?

Gegenstände und Orte benennen

- ■ Elena, kannst du bitte mal einen Rollstuhl bringen? Die stehen im Geräteraum.
- □ Ja, mach' ich.
- ■ Maria, könntest du bitte den Essenswagen mal wegbringen?
- □ Ja, sofort.
- ■ Kannst du bitte die Urinflaschen einsammeln und in der Fäkalienspüle reinigen?
- □ Ja klar, mach' ich.

- ■ Der Rollator von Frau Müller steht noch in der Notaufnahme. Bring ihn doch bitte auf ihr Zimmer. Danke!
- ■ Die Brille und das Hörgerät von Frau Müller legst du bitte in ihr Nacht-/Bettkästchen.
- □ Verstanden. Mach' ich.
- ■ Die Blutproben (Blutabnahmeröhrchen) müssen ins Zentrallabor. Das ist im Keller. Kannst du sie schnell runterbringen?
- □ Ja, (das) erledige ich sofort.
- ■ Wo bekomme ich Inkontinenzvorlagen? Wir haben keine mehr.
- □ Da musst du ins Zentrallager in den Keller.

In Deutschland sind die meisten Stationen im Krankenhaus und Wohnbereiche in den Seniorenheimen frei zugänglich. Besuchszeiten sind ganz unterschiedlich geregelt. Für Neugeborenen-, Intensiv- und geschlossene Stationen gelten besondere Regeln. Kontakt zur Verwaltung und den Ärzten kann man zu den normalen Arbeitszeiten, also zwischen ca. 8 und 17 Uhr aufnehmen. Wann und ob Patienten oder Bewohner die Station oder das Haus verlassen dürfen, wird im Einzelfall geregelt.

Tätigkeiten und Anweisungen auf der Station verstehen und weitergeben

- ■ Wer kümmert sich um den Neueinzug Herrn Nolte?
- ■ Maria, du bist die verantwortliche Pflegefachkraft für Herrn Nolte, also seine Bezugspflegefachkraft.
- ■ Heute werden Frau Müller und Herr Maier entlassen. Wer kümmert sich um die Entlassung?
- □ Das kann ich machen.

- ■ Maria, bitte mach du heute mal die Neuaufnahme.
- ■ Bei Herrn Frei auf Zimmer 6 müsste der Verband gewechselt werden? Kannst du das machen, Elena?
- □ Ja, (das) übernehme ich, wenn ich mit dem Messen fertig bin.

- ■ Können wir mal kurz über die Aufgaben sprechen / darüber reden, was noch zu tun ist.
- ■ Herr Kurz müsste zum Röntgen gebracht werden. Das könnte doch der Praktikant machen, oder?

- ■ Frau Maier soll nach dem Labor noch zum EKG. Wer kann sie hinbringen? Elena, du?
- □ Leider nicht, ich soll heute doch bei der Chefarztvisite dabei sein.
- ■ Eine Bitte an alle: kurze Dienstbesprechung um 15 Uhr.

Aufträge und Anordnungen nachfragen und bestätigen

- ■ Frau Maier bekommt dreimal täglich ... und abends zusätzlich 1 Tablette ... zum Schlafen.
- □ Also dreimal täglich ... und abends zusätzlich einmal ... . Richtig?
- ■ Kannst du mir das bitte noch einmal erklären, ich habe nicht alles verstanden.

- ■ Zuerst machen wir bei Frau Berner Labor und dann ein CT-Thorax.
- □ Zuerst Labor und dann melde ich Frau Berner beim CT an / mache ich für Frau Berner einen CT-Termin.
- ■ Soll ich jetzt bei Herrn Müller zuerst ein EKG schreiben oder ihn zur orthopädischen Sprechstunde bringen?
- □ Gehen Sie zuerst in die Sprechstunde, das EKG kann warten / können wir später machen.

TIPP: In D A CH ist es kein Problem, noch einmal zu fragen, wenn man etwas nicht oder nicht genau verstanden hat. Das signalisiert dem Partner, dass man aufmerksam ist und lernen will. Viel schlimmer ist es, wenn man Angst hat und nicht nachfragt. Gerade in einem Krankenhaus oder Pflegeheim ist es sehr wichtig, dass man alle Informationen und Anweisungen genau versteht. Also besser einmal zu viel als einmal zu wenig fragen!

Exkurs: In D A CH leben besonders in den größeren Städten viele ältere Menschen allein zu Hause. Deshalb hat man in den letzten 20 Jahren verstärkt ambulante Pflegedienste aufgebaut. Ein Teil davon gehört zu kirchlichen oder caritativen Organisationen, ein großer Teil ist privat. Diese mobilen Dienste versorgen die Senioren ambulant, das heißt zu Hause. Für die Angehörigen, die oftmals nicht in der gleichen Stadt wohnen, ist es eine Beruhigung, wenn sie wissen, dass ihre Eltern oder Verwandten gut versorgt sind.

Diese Räume gibt es noch zusätzlich in unserem Haus:

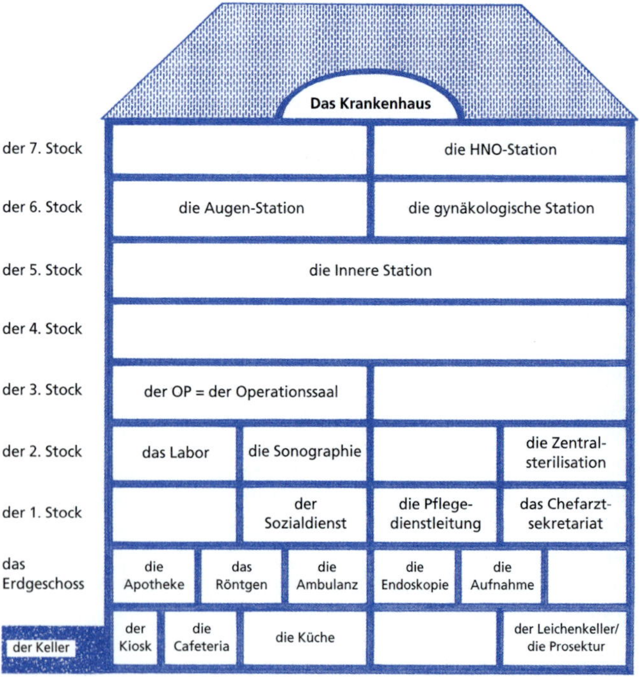

3 Betten, Waschen, Prophylaxen

Kommunikation mit Patienten beim Betten machen

- Ich möchte jetzt Ihr Bett machen.
- Wir möchten Ihr Bett frisch beziehen. Stehen Sie bitte auf und setzen sich solange auf den Stuhl.
- Brauchen Sie Hilfe beim Aufstehen?
- Können Sie allein(e) aufstehen?
- Wir möchten das Stecklaken / das Betttuch wechseln / glatt ziehen.
- Wir möchten die Betteinlage / den Durchzug / die Unterlage wechseln. Heben Sie dazu bitte kurz das Gesäß / den Po an.
- Soll ich Ihnen das Kopfkissen aufschütteln?
- Soll ich Ihnen Ihr Kopfteil hoch/flach stellen?
- Brauchen Sie noch ein Kopfkissen / eine Decke / eine Fußstütze?
- Um Ihr Bett zu machen, stellen wir zuerst das Kopfteil flach. Stellen Sie bitte Ihr linkes / Ihr rechtes Bein an. Jetzt drehen wir Sie auf die rechte/linke Seite. Geht das so für Sie?
  Wir drehen Sie auf den Rücken und ziehen Sie ein Stück nach oben / zum Kopfende des Bettes.
- Können Sie so gut liegen / Liegen Sie so bequem?

beim Waschen

- Herr Götz, können Sie sich selbst waschen oder brauchen Sie Hilfe/Unterstützung?
- Soll ich Ihnen ans Waschbecken helfen?
- Ich helfe Ihnen zum Waschbecken.
- Wo haben Sie Ihren Waschlappen / Ihr Handtuch / Ihre Zahnbürste / Ihren Kamm / Ihren Rasierapparat / Ihre Hautcreme?
- Bitte waschen Sie sich das Gesicht, die Arme und den Oberkörper.
- Ich wasche Ihnen jetzt den Rücken / die Beine / die Füße.
- Frau Mayer, Sie dürfen sich heute duschen / wir möchten Sie heute baden.
- Herr Bauer, Sie dürfen zum Waschen nicht aufstehen. Sie haben noch Bettruhe, ich bringe Ihnen eine Waschschüssel und helfe Ihnen bei der Körperpflege / beim Waschen / bei der Mundpflege. Ist die Wassertemperatur so angenehm?
- Sie bekommen von mir ein frisches Krankenhaus-Flügelhemd.
- Sie können sich nach dem Waschen Ihren Schlafanzug / Ihr Nachthemd / Ihren Bademantel anziehen.

prophylaktische Maßnahmen erklären und begründen

- Frau Philipp, Sie müssen ab jetzt medizinische Thromboseprophylaxestrümpfe (MT-Strümpfe) tragen. Das beugt einer Thrombose vor.
- Frau Graf, wir spritzen Ihnen ab heute einmal täglich Heparin subcutan in den Bauch / in den Oberschenkel, damit Sie keine Thrombose bekommen.
- Ich möchte Ihnen (Ihr) Heparin spritzen. Machen Sie bitte den Bauch frei. Zuerst desinfiziere ich Ihre Haut mit einem Spray. Es wird kurz kalt. Jetzt pikst es ein bisschen.
- Herr Meier, wir drehen/lagern/betten Sie jetzt auf die rechte Seite, um den Druck auf Ihr Gesäß / Ihre Schulter zu entlasten.
- Verändern Sie bitte immer wieder Ihre Position im Bett. / Machen Sie bitte häufig kleine Körperbewegungen, damit Sie kein Druckgeschwür bekommen / sich nicht wundliegen.

- Wir stellen Ihr Kopfteil höher, damit Sie leichter atmen können.
- Bitte atmen Sie tief ein und aus. Noch einmal und ein drittes Mal. Dies ist wichtig, damit Sie keine Lungenentzündung bekommen.

Anweisungen und Aufforderungen zur Mobilisation

- Frau Richter, wir helfen Ihnen jetzt aufzustehen / beim Aufstehen und gehen ein paar Schritte, damit Sie gleich wieder etwas mobil werden.
- Herr Meyer, wir gehen jetzt jeden Tag etwas spazieren, damit Sie Ihr Knie wieder belasten lernen.
- Herr Frei, um 11 Uhr kommt die Physiotherapeutin zu Ihnen und macht die ersten Übungen mit Ihnen.
- Bitte nehmen/benutzen Sie am Anfang einen Rollator / die Krücken / einen Gehwagen, bis Sie wieder sicher gehen können.
- Brauchen Sie Hilfe oder wollen Sie es allein(e) versuchen?
- Frau Uhlig, wir helfen Ihnen jetzt beim Aufstehen. Zuerst setzen wir Sie an die Bettkante. Geht es Ihnen gut? Ist Ihnen schwindlig?
- Wir gehen jetzt ganz langsam ein paar Schritte. Sehen Sie dabei bitte nicht auf den Boden, damit Ihnen nicht schwindlig wird.

Waschen und Körperpflege sind sehr intime und individuelle Angelegenheiten. Manche Patienten oder Bewohner wollen sich nicht so gern vom Pflegepersonal waschen oder helfen lassen. Das kann für Männer wie Frauen zutreffen. Besonders muslimische Frauen wollen sich aus religiösen Gründen nicht von männlichem Pflegepersonal waschen lassen. Andererseits sind Sie für die Gesundheit und Hygiene verantwortlich. Versuchen Sie in solchen Fällen, die Wünsche der Patienten zu berücksichtigen, und fragen Sie, wer helfen kann.

Gespräche mit Angehörigen über die weitere Pflege nach der Entlassung

- Frau Mayer, Ihre Mutter sollte nach der Operation einige Wochen in die Reha. Unsere Sozialarbeiterin/Betreuerin wird sich um einen Platz / um die Anmeldung kümmern.

- Wenn Ihr Vater entlassen wird, achten Sie bitte darauf, dass er regelmäßig seine Medikamente nimmt / ausreichend trinkt / seine Diät einhält / seinen Blutdruck misst / regelmäßig zur Krankengymnastik geht.
- Frau Müller, wenn Ihre Mutter jetzt wieder nach Hause kommt, müssen Sie die Krankenkasse informieren. Die schickt den MDK (Medizinischer Dienst der Krankenversicherung). Der prüft, welchen Pflegegrad Ihre Mutter bekommt.
- Sie sollten für Ihren Vater einen ambulanten Pflegedienst beauftragen, der regelmäßig nach Ihrem Vater sieht.
- Es gibt die Möglichkeit, dass Sie für Ihren Vater einen Hausnotruf organisieren. Dann kann er im Notfall immer Hilfe holen.
- Bitte bringen Sie Ihre Tochter / Ihr Baby in zwei Wochen zu uns in die Ambulanz zur Nachsorge-/Vorsorge-/Kontrolluntersuchung/...

MDK und Pflegegrade:
Bei Patienten und Bewohnern, die sich nicht mehr allein versorgen können, kann man den MDK, den Medizinischen Dienst der Krankenversicherung, rufen. Der MDK, in der Regel ein Arzt oder eine Ärztin, prüfen dann, ob und inwieweit eine Person Hilfe braucht. Damit kann ein Pflegegrad von 1 bis 5 festgelegt werden. Entscheidend ist, ob eine Person nur 'geringe Beeinträchtigungen der Selbständigkeit' (PG 1) oder 'schwerste Beeinträchtigungen mit besonderen Anforderungen an die Pflege' (PG 5) hat. Neu ist, dass auch langfristig psychisch und geistig Kranke jetzt körperlich Kranken gleichgestellt sind.
Dann kann der Patient oder Bewohner mit der Familie und dem Hausarzt entscheiden, ob er/sie häusliche, ambulante oder stationäre Pflege in Anspruch nehmen möchte. Dafür gibt es dann Zuschüsse aus der Pflegekasse. Den Rest der Pflegekosten muss man selbst bezahlen oder die Sozialhilfe der Gemeinde übernimmt das.

Hausnotruf
In den Großstädten und in vielen Gemeinden kann man sich einem Hausnotrufsystem anschließen. Das heißt, man ist durch einen Piepser am Arm oder als Anhänger am Hals mit einer Notrufzentrale eines Rettungsdienstes verbunden. In einem Notfall, zum Beispiel nach einem Sturz, kann der Patient den Rettungs- oder ambulanten Pflegedienst alarmieren. Diese haben einen Hausschlüssel und kommen sofort ins Haus.

4 Körper und Beschwerden

Körperteile und Skelett benennen

- Das ist der Kopf.
- Das sind die Beine.
- Die Arme bestehen aus den Ober- und Unterarmen und den Händen.
- Am Rücken sehen Sie die Wirbelsäule. Sie ist unterteilt in die Halswirbel,- Brustwirbel- und Lendenwirbelsäule sowie das Kreuzbein und das Steißbein.
- Zum Brustkorb gehören außer der Wirbelsäule noch das Brustbein und die Rippen.
- Zum Schultergürtel gehören das Schulterblatt und das Schlüsselbein.
- Die oberen Extremitäten sind unterteilt in den Oberarmknochen, die Elle und Speiche sowie Handknochen.
- Zu den unteren Extremitäten gehören der Oberschenkelknochen, die Kniescheibe, das Schien- und Wadenbein sowie Fußknochen.

wichtige Organe

- Zu den Sinnesorganen gehören die Haut, die Ohren und die Augen.
- Zum Kreislaufsystem zählen die Hauptschlagader, die Arterien, das Herz und die Venen.
- Zum Atmungssystem gehören die Nase, der Rachen, der Kehlkopf, die Luftröhre, die Bronchien, die Lungen sowie das Brust-, Rippen- und Zwerchfell.
- Zu den Bauchorganen gehören der Verdauungstrakt (die Mundhöhle, der Rachen, die Speiseröhre), der Gastrointestinaltrakt mit dem Magen, dem Dünndarm, Dickdarm und Mastdarm sowie die Leber, die Gallenblase und die Bauchspeicheldrüse, das Harnsystem (die Niere, das Nierenbecken, die Harnleiter, die Harnblase und die Harnröhre) sowie die Milz.
- Die Schilddrüse sitzt vor dem Kehlkopf und dem oberen Teil der Luftröhre.
- Zum männlichen Genitalsystem gehören die inneren Geschlechtsorgane (die Hoden und Nebenhoden, die Samenleiter, die Samenbläschen und die Prostata).
- Zu den äußeren Geschlechtsorganen zählen der Hodensack und das männliche Glied bzw. der Penis.
- Zum inneren weiblichen Genitalsystem gehören die Eierstöcke, die Eileiter, die Gebärmutter und die Scheide. Zu den äußeren Geschlechtsorganen zählen der Scheidenvorhof, die Bartholinschen Drüsen, große und kleine Schamlippen und die Klitoris.

Anweisungen und Fragen an Patienten bei der körperlichen Untersuchung

- Ich würde Sie jetzt gern körperlich untersuchen.
- Wir untersuchen zuerst Ihren Bauch / Ihr Bein / ...
- Würden Sie sich bitte bis auf die Unterwäsche ausziehen.
- Machen Sie sich bitte unten herum frei.
- Könnten Sie bitte den Oberkörper frei machen.
- Würden Sie sich bitte auf die Untersuchungsliege legen/setzen.
- Legen Sie sich bitte auf den Bauch.
- Drehen Sie sich bitte auf die rechte/linke Seite.

- Heben/Senken Sie bitte das Bein / den Fuß / den Arm.
- Würden Sie jetzt bitte das Bein / den Arm beugen und dann strecken.
- Winkeln Sie bitte das Knie / den Arm an.
- Spreizen Sie bitte Ihre Finger/Zehen.
- Drücken Sie bitte mit Ihrem linken Fuß gegen meine Hand.
- Öffnen Sie bitte den Mund!
- Strecken Sie bitte die Zunge heraus und sagen „Ah".
- Folgen Sie bitte meinem Finger mit Ihren Augen.
- Atmen Sie bitte tief ein und aus.
- Atmen Sie bitte durch den Mund ein und durch die Nase aus.
- Ich werde jetzt Ihr Herz mit dem Stethoskop abhören.
- Als nächstes werde ich Ihren Bauch abtasten.
- Nun werde ich Ihren Rücken abklopfen.
- Ich muss Sie noch rektal/gynäkologisch untersuchen.
- Ich möchte bei Ihnen Blutdruck messen. Krempeln Sie dazu bitte Ihren Ärmel hoch und halten Sie den Arm leicht gebeugt.
- Ich werde jetzt Ihren Puls am Handgelenk / an der Halsschlagader fühlen.

Erklären Sie bei der körperlichen Untersuchung den Patienten immer Ihre Handlungsschritte. So nehmen Sie ihnen die Angst. Auch ein Lob, wie „Das haben Sie gut gemacht. / Gut so." ist wichtig.
Sie sollten den Patienten außerdem mitteilen, wie lange die Untersuchung (noch) dauert, z.B. „Das dauert nicht lange. / Ich bin gleich fertig. / Ich werde mich beeilen. / Gleich haben Sie es geschafft. / Das war es schon."
Auch wenn eine Untersuchung unangenehm oder schmerzhaft sein kann, ist es wichtig, das den Patienten mitzuteilen oder nach Schmerzen zu fragen:
„Das kann jetzt ein bisschen unangenehm werden / weh tun."
„Es tut mir leid, aber das wird jetzt ein bisschen unangenehm / weh tun."
„Sagen Sie mir bitte, wenn es schmerzt / weh tut."

- Sie können Sich jetzt wieder anziehen/ankleiden.
- Ziehen Sie sich bitte wieder an und warten Sie kurz draußen / kommen Sie dann in das Sprechzimmer nebenan.

nach dem allgemeinen Befinden und nach Schmerzen fragen

- Erzählen Sie: Was ist passiert / Was führt Sie zu uns / Warum sind Sie hier?
- Wie geht es Ihnen?
- Wie fühlen Sie sich (heute)?
- Fühlen Sie sich gesund/wohl/fit? Wie fühlen Sie sich allgemein/insgesamt?
- Haben Sie Schmerzen?
- Was für Beschwerden haben Sie im Moment?
- Was tut Ihnen weh?
- Wo genau haben Sie Schmerzen?
- Können Sie mit der Hand auf die Stelle zeigen, wo es weh tut?
- Können Sie mir den Ort der Schmerzen genauer beschreiben?
- Können Sie mir sagen, wie sich die Schmerzen anfühlen?
- Können Sie mir die Schmerzen beschreiben?
- Sind die Schmerzen eher stechend/klopfend/ziehend/brennend/dumpf?
- Womit sind die Schmerzen vergleichbar?
- Wie stark sind die Schmerzen auf einer Skala von 1 bis 10?
- Gehen die Schmerzen von einem bestimmten Punkt aus?
- Strahlen die Schmerzen in eine bestimmte Körperregion aus?
- Spüren Sie die Schmerzen auch an einer anderen Stelle?
- Seit wann haben Sie die Schmerzen?
- Wann sind die Schmerzen zum ersten Mal aufgetreten?
- Sind die Schmerzen plötzlich gekommen oder nach und nach stärker geworden?
- Sind die Schmerzen wellenförmig oder gleichmäßig?
- Haben Sie die Schmerzen ständig/gelegentlich?
- Sind Sie manchmal schmerzfrei?
- Gibt es einen Auslöser für die Schmerzen, z.B. eine bestimmte Nahrung/Bewegung?
- Können Sie sich vorstellen, was die Schmerzen verursacht hat?
- Gibt es etwas, was die Schmerzen lindert/vermindert oder verschlimmert/verstärkt, z.B. Kälte/Wärme oder Stehen/Liegen?
- Haben Sie Medikamente gegen die Schmerzen eingenommen?

Informationen weitergeben

- Patient fühlt sich matt und niedergeschlagen.
- Patient äußert starke Schmerzen bei Belastung des Knies.
- Patient klagt/berichtet über Dyspnoe/Nykturie.
- Patient berichtet / gibt an, dass er an Übelkeit und Erbrechen leidet.
- Patient leidet an Hypercholesterinämie/Hypertonie/Durchfall.
- Patient beschreibt die Schmerzen als …
- Bewohner/Klient klagt über Appetitlosigkeit.

ärztliche Anordnungen an das Pflegepersonal geben

- Geben Sie Frau M. bei Bedarf gegen ihre Kopfschmerzen 500 mg Paracetamol® oral (p. o.)
- Herr M. erhält 1x tgl. eine Antithrombosespritze subcutan (s. c.) und Antithrombosestrümpfe.
- Herr R. bekommt gegen seine Schmerzen 500 ml NaCl (Natriumchlorid) mit … mg Tramal® i. v. (intravenös).
- Machen Sie morgen bei Frau A. ein Blutzuckertagesprofil und messen Sie 3 x tgl. den Blutdruck.
- Herr M. bekommt tgl. Verbandswechsel.
- Bitte bei Herrn Y. am 12. postoperativen Tag die Klammern/Fäden entfernen.
- Ziehen Sie heute bei Frau K. die linke Drainage.
- Frau Lex darf ab morgen mobilisiert werden / Krankengymnastik bekommen, ihr Bein aber noch nicht belasten.
- Herr Ober hat drei Tage strenge Bettruhe und muss flach liegen.
- Herr Ober soll täglich Atemgymnastik machen und inhalieren.
- Frau Hauser muss ab heute Abend für die Gastroskopie nüchtern bleiben,
- Bei Herrn N. muss morgen der Dauerkatheter gewechselt werden / kann der Dauerkatheter gezogen werden.
- Herr Thoma soll einen Termin bei der Sozial-/Ernährungsberatung machen.
- Frau Schwedt ist über-/untergewichtig, sie bekommt ab sofort Reduktions-/Aufbaukost.

- Herr Oppel ist dehydriert, er muss viel / mindestens zwei Liter am Tag trinken.
- Frau Obermüller leidet an Inkontinenz, sie bekommt ab sofort Inkontinenzvorlagen verschrieben.
- Herr Unger ist sturzgefährdet, Sie müssen für ihn einen Rollator bei der Krankenkasse beantragen.
- Zur Abklärung des Befundes machen wir noch weitere Untersuchungen / ein EKG / eine Sonographie / ein(e) MRT / eine Koloskopie / ...

Schmerz und Krankheit als kulturelles Phänomen

Schmerzen und Krankheit sind in D A CH im Vergleich zu anderen Kulturkreisen wie z.B. muslimischen oder asiatischen eher Privatsache, also Sache des Kranken oder der engsten Familie. In orientalischen oder asiatischen Kulturen kann es sein, dass die ganze Familie den Kranken im Krankenhaus besucht und auch versorgt. Die Unterstützung wird als Beistand, als Hilfe zur Heilung gesehen.

In Deutschland wird die Versorgung mit Essen und den täglichen Routinen wie die Körperpflege vom Krankenhaus geleistet. Zu viel Besuch wird besonders von den Mitpatienten oft als störend empfunden.

In Pflegeheimen kann die Situation etwas anders aussehen. Hier wird die Hilfe bei der Betreuung der Bewohner, zum Beispiel beim Essenreichen oder dem Toilettengang, gerne angenommen. Mit der zunehmenden Zahl von Migranten, die in Deutschland krank oder pflegebedürftig werden, sind der Austausch von Wissen um die kulturellen Unterschiede und Verständnis gegenüber den verschiedenen Kulturen sehr wichtig geworden.

Notizen

5 Essen und Trinken

Essen austeilen und einsammeln, Geschirr und Besteck benennen

- Hier kommt Ihr/das Frühstück / das Mittagessen / der Nachmittagskaffee / das Abendessen.
- Möchten Sie lieber Tee oder Kaffee zum Frühstück?
- Frau Müller, wollen Sie noch ein Extrabrötchen / eine Extrasemmel / noch eine Scheibe Brot/Vollkornbrot?
- Möchten Sie Milch oder Zucker in den Tee?
- Wo möchten Sie essen? Soll ich das Essen ans Bett bringen oder auf den Tisch stellen?
- Ich stelle Ihnen das Tablett / den Teller / die Tasse / das Glas auf den Nachttisch.
- Brauchen Sie noch einen Kaffeelöffel / ein Messer / eine Gabel?
- Vorsicht, die Suppe ist noch heiß!
- Guten Appetit.
- Lassen Sie es sich schmecken.

- Wenn Sie mit dem Essen fertig sind, können Sie das Tablett in den Essenswagen stellen.
- Kann ich das Tablett abräumen?
- Sind Sie mit dem Essen fertig?
- Hat es Ihnen geschmeckt?
- Sie haben kaum etwas gegessen. Hat es Ihnen heute nicht geschmeckt?
- Sind Sie satt oder möchten Sie noch etwas essen?

Unterstützung beim Essen anbieten/geben

- Brauchen Sie Hilfe oder können Sie allein/selbstständig essen?
- Kommen Sie allein zurecht?
- Soll ich Ihnen das Abendbrot richten?
- Ich stelle Ihnen zum Essen das Kopfteil hoch. Geht das so?
- Frau Müller, ich komme gleich und helfe Ihnen beim Essen.
- (Pfl.) Emil, kannst du bitte Herrn Frank das Essen anreichen, er kann nach dem Schlaganfall noch nicht allein essen.
- Was soll ich auf Ihr Brot schmieren? Marmelade oder lieber Honig?
- Möchten Sie den Saft mit dem Schnabelbecher oder einem Strohhalm trinken?
- Soll ich Ihnen das Fleisch schneiden?
- Frau M., Sie müssen noch nüchtern bleiben. Soll ich Ihnen das Mittagessen aufheben/zurückstellen?

Kostformen benennen und begründen, Anweisungen geben

- Herr Fink, Sie müssen ab 22.00 Uhr nüchtern bleiben, d. h. Sie dürfen nichts mehr essen und trinken. Um 9 Uhr haben Sie eine Gastroskopie.
- Herr Grimm, Ihr Blutzucker ist zu hoch. Sie bekommen deshalb ab jetzt eine Diabeteskost/Diabetesdiät.
- Frau Mahler, Sie bekommen wegen Ihres Untergewichts einige Wochen hochkalorische Kost.
- Frau Michel, Sie müssen etwas gegen Ihr Übergewicht tun. Deshalb hat die Ärztin eine Reduktionskost / kalorienarme Kost angeordnet. Außerdem haben wir für Mittwoch einen Termin bei der Ernährungsberatung für Sie ausgemacht.

- □ Darf ich jetzt bestimmte Dinge nicht mehr essen?
- ■ Ja, genau. Sie sollen kein fettes Fleisch, wenig Kohlenhydrate, keinen Kuchen oder Süßigkeiten essen. Dafür sollten Sie lieber viel Fisch, Gemüse und Obst zu sich nehmen.

- ■ Herr Müller, nach Ihrer Operation müssen wir Ihren Magen/Darm erst wieder an normales Essen gewöhnen. Die nächsten Tage erhalten Sie noch Schonkost / leichte Kost.
- ■ Herr M., ab morgen dürfen Sie wieder normale Kost / Vollkost zu sich nehmen.
- ■ Herr Grimm, bei Ihrem hohen Blutdruck sollten Sie mehr auf salzarme Kost achten!
- ■ Herr A. hat Zöliakie. Wir müssen für ihn glutenfreie Kost bestellen.
- ■ Herr U. leidet an Appetitlosigkeit und bekommt deshalb ab sofort Wunschkost.
- ■ Wir müssen bei Herrn Munzig die Trinkmenge erhöhen, er ist leicht dehydriert.

Essenswünsche erfragen und weitergeben

- ■ Frau M., hier ist der Wochenspeiseplan. Sie können zwischen vier Menus wählen.
- ■ Frau Mayer, haben Sie schon den Speiseplan gelesen und ausgefüllt? Menü 1 oder 2 oder lieber das vegetarische Essen?
- ■ Was möchten Sie essen/trinken/bestellen?
- ■ Haben Sie andere Wünsche? Sind Sie Vegetarier/Veganer?
- ■ Wünschen Sie koschere Kost?
- □ Also Schweinebraten esse ich nicht so gern. Könnte ich bitte etwas anderes bekommen/bestellen?

- ■ Herr Grimm, Sie können Ihre Wünsche auf der Karte ankreuzen.
- ■ Frau G. klagt über Übelkeit und möchte leichte Kost bestellen.
- ■ Herr R. hat Verdauungsbeschwerden/-probleme und wünscht sich zum Frühstück Vollkornbrot.
- ■ Frau A. hat Schluckbeschwerden und fragt, ob Sie (die) pürierte Kost bekommen könnte.

Die Essenswünsche werden je nach Haus von der Pflegekraft oder der Verpflegungsassistentin mit einer Essenskarte oder per PC an die Küche weitergegeben.
In den meisten Einrichtungen gibt es einen festen Speiseplan. Die Patienten und die Bewohner können so zwischen verschiedenen Menüs wählen.

- Die Diät-/Verpflegungsassistentin kommt jeden Tag / jede Woche / regelmäßig, um besondere Wünsche abzuklären.

Angehörige über Kost informieren

- Frau Mayer, Sie wissen, dass Ihre Mutter Diabetes hat. Sie sollte in Zukunft Kohlehydrate, also Brot und Kuchen/Zucker/... meiden.
- Frau Michel, Ihre Mutter ist ja bei uns wegen Ihrer Arthrose in Behandlung. Sie hat auch noch Übergewicht, das belastet die Gelenke sehr. Können Sie bitte darauf achten, dass Ihre Mutter kalorienarme Kost zu sich nimmt, also weniger Fette, mehr Obst, Gemüse und Fisch.
- Frau Müller, Ihr Mann sollte nach der Magen-OP die nächsten Wochen nur leichte Kost bekommen. Wir können gern einen Termin bei der Ernährungsberatung für Sie vereinbaren.
- Ihr Vater ist stark untergewichtig und hat kaum Appetit. Ergänzen Sie bitte die tägliche Nahrung mit einem Liter hochkalorischem Energiedrink. Das Rezept dafür bekommen Sie vom Hausarzt.
- Ihr Vater trinkt zu wenig. Das ist nicht gut für seinen Kreislauf. Bitte sorgen Sie dafür, dass er mindestens eineinhalb Liter Flüssigkeit zu sich nimmt.
- Es wäre gut für die Gesundheit Ihrer Mutter, wenn ...

Essen am Computer bestellen

- Ich kann dir die Essensbestellung bei uns mal erklären:
- Du öffnest die Maske Essensbestellung.
- Nun musst du jeden Patienten einzeln in der Computermaske anlegen, also Name, Vorname, Station und Zimmer hineinschreiben. Das findest du unter dem Button Belegung.

- Dann musst du mit der Maus jeweils anklicken, ob der Patient Vollkost, leichte Kost, Diät-, vegetarische, schweinefleischfreie, Aufbau- oder andere Kost bekommt.
- Wenn jemand Sonderwünsche hat, kannst du das bei/unter ... eingeben.
- Wenn du alle Bestellungen eingegeben hast, klickst du auf den Button „an die Küche abschicken".

Kulturelle und religiöse Kostformen im Krankenhaus und in Pflegeeinrichtungen

Neben den medizinisch begründeten Kostformen wie Diät, pürierte Kost oder Aufbaukost werden auch religiös oder weltanschaulich begründete Kostformen in den deutschen Krankenhäusern und Pflegeheimen beachtet. Zum einen kommen immer mehr Patienten aus anderen Ländern, z.B. aus den arabisch-muslimischen Ländern, nach D A CH. Zum anderen kommen auch immer mehr Migranten ins Rentenalter, da sie z.T. pflegebedürftig werden. Aber allein die Tatsache, dass jemand ursprünglich aus einem muslimischen Land kommt, heißt nicht, dass er oder sie kein Schweinefleisch usw. isst.
In vielen Ländern ist es auch so, dass die Verpflegung der Patienten Sache der Angehörigen ist. Das ist in D A CH sicher nicht so. Sie dürfen die Patienten oder Angehörigen also auch darauf hinweisen, dass selbst zubereitetes mitgebrachtes Essen die Patienten sogar gefährden kann.
Alkohol gibt es auf dem Speiseplan überhaupt nicht. Falls keine medizinischen Gründe dagegen sprechen, ist es aber für die Patienten oder Angehörigen erlaubt oder sogar üblich, in der Einrichtung geringe Mengen Alkohol zu trinken. Fragen Sie im Zweifelsfall nach, wie das in Ihrer Einrichtung gehandhabt wird.
Rauchen ist nur in den extra bezeichneten Räumen oder im Freien in markierten Bereichen erlaubt.

Sprichwörter zum Thema Essen

- Essen und Trinken halten Leib und Seele zusammen.
- Das Auge isst mit.

Welche Sprichwörter gibt es in Ihrem Land zum Thema Essen? Vielleicht könnten Sie die Sprichwörter Ihren Patienten oder Bewohnern übersetzen: Bei uns sagt man ...

Notizen

6 Messen und Dokumentieren

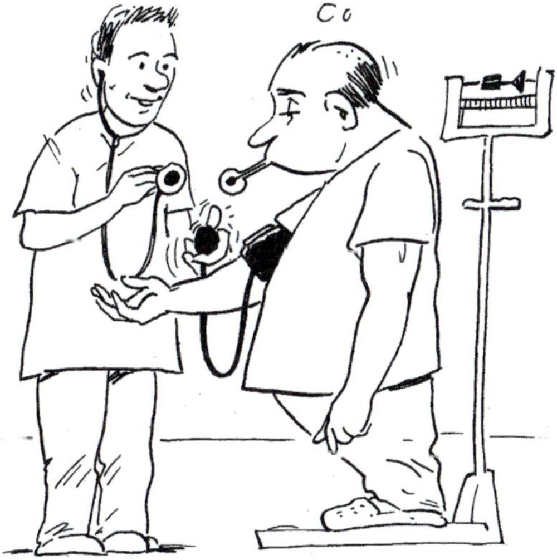

Vitalzeichen messen

- Herr Gröger, ich messe jetzt bei Ihnen den Blutdruck.
- Machen Sie bitte Ihren rechten Arm frei, damit ich die Blutdruckmanschette anlegen kann.
- Frau Mayer, ich muss noch mal Ihren Puls fühlen, weil er heute Morgen ungleichmäßig war. Bitte geben Sie mir dazu (mal) Ihr linkes Handgelenk.
- Frau Scholz, ich möchte jetzt die Temperatur messen. Nehmen Sie dazu bitte das Thermometer und legen es seitlich unter die Zunge und halten den Mund geschlossen, bis es piepst.
- Wir müssen täglich Ihre Temperatur kontrollieren. Sie bekommen dafür ihr eigenes Thermometer. Messen Sie bitte immer am Vormittag selbstständig unter der Achsel (axillar).
- Wir messen die Köpertemperatur mit einem Ohrthermometer. Bitte machen Sie Ihr rechtes Ohr frei, damit ich das Thermometer ins Ohr einführen kann. Wenn es piepst, sind wir fertig.

- Wegen Ihres Hustenreizes müssen wir heute Ihre Temperatur rektal, also im After messen. Drehen Sie sich dazu bitte auf die Seite und bleiben Sie ganz entspannt. Gut so! Das ist vielleicht ein bisschen unangenehm. Es dauert aber nicht lange.

EKG schreiben, Blutzucker und ZVD messen

- Ich würde jetzt gern ein EKG bei Ihnen schreiben. Machen Sie bitte Ihren Oberkörper, die Unterarme und die Unterschenkel frei. Legen Sie sich jetzt auf das Bett / die Liege.
- Ich lege Ihnen jetzt die Elektroden an. Achtung/Vorsicht, die sind ein bisschen kalt.
- Die Messung dauert nicht lange, bitte bleiben Sie ganz ruhig liegen. Bitte bewegen Sie sich nicht und atmen Sie ruhig weiter.
- Die Messung ist vorbei. / Schon sind wir fertig.
- Hier haben Sie ein Papiertuch, um sich das Gel abzuwischen.
- Sie können sich jetzt wieder anziehen.

- Herr Scholz, vor dem Frühstück müssen wir noch Ihren Blutzucker überprüfen.
- An welchem Finger soll ich Sie stechen?
- Soll ich Sie am Finger oder am Ohrläppchen stechen?
- Bitte waschen Sie zuerst Ihre Hände.
- Bevor ich Sie mit der Lanzette steche, desinfiziere ich Ihren Finger / Ihr Ohrläppchen.
- Das pikst jetzt kurz.
- Das tut ein bisschen weh.
- Hier haben Sie einen Tupfer. Drücken Sie mit dem Tupfer kurz auf die Einstichstelle.
- Wenn es nicht mehr blutet, können Sie den Tupfer wegnehmen.

- Herr M., ich messe gleich noch Ihren zentralen Venendruck (ZVD). Dazu muss ich Sie in die flache Rückenlage bringen. Geht das so für Sie?
- Jetzt pumpe ich noch Ihr Bett ein bisschen hoch und verbinde das Schlauchsystem mit Ihrem zentralen Venenkatheter. Bleiben Sie ganz ruhig liegen. Das machen Sie gut!

- So, das war´s schon. Ich stelle Ihr Kopfteil wieder hoch und decke Ihren Oberkörper wieder zu.

über Messwerte informieren

- Der Blutdruck ist 165 zu 95 (RR 165/95).
- Ihr Blutdruck ist etwas erhöht / relativ niedrig.
- Ihr Puls ist gleichmäßig / unregelmäßig / zu langsam / zu schnell.
- Ihre Pulsfrequenz ist 56. Sind Sie vielleicht Sportler?
- Frau Scholz, Ihre Temperatur ist 37 Null (37^0).
- Achtunddreißigfünf (38^5). Sie haben leichtes Fieber.
- Ihr Blutzucker ist 100, das ist in Ordnung.
- Ihr Blutzuckerwert ist 130, also leicht erhöht.
- Der ZVD ist 11. Das ist im Normbereich.

Anweisungen zur Kurvendokumentation

- Entschuldigung, wo trage ich die Messwerte ein?
- Kannst du mir bitte zeigen, wo ich die Messwerte eintrage?
- Blutdruck, Puls und Temperatur werden in das Stammblatt der Patientenakte / der Patientenkurve eingetragen.
- Der Puls wird mit einem roten Kreuz dokumentiert/eingetragen.
- Die Temperatur trägst du mit einem blauen Stift als Punkt ein. Wenn du rektal gemessen hast, musst du um den Punkt einen Kreis machen.
- Den Blutdruck musst du mit einem blauen Stift entweder als Zahl (120/80) in der Spalte RR oder graphisch mit einem blauen Stift eintragen.
- Die Blutzuckerwerte kannst du hier unten im Feld BZ mg/dl (Milligramm pro Deziliter) eintragen.
- In der Zeile Stuhl musst du eintragen, ob der Patient Stuhlgang hatte oder nicht. Für Stuhlgang haben wir einen Schrägstrich (/), für keinen Stuhlgang das Symbol Ø.
- Den ZVD schreibst du in der Spalte ZVD mit der Maßeinheit Zentimeter H_2O (z. B. 8 cm H_2O).
- Wenn im Patientenzimmer ein Überwachungsprotokoll liegt, trägst du dort die Werte ein.

Ausscheiden

- Hatten Sie heute schon Stuhlgang?
- Waren Sie heute schon auf der Toilette?
- Haben Sie immer noch Durchfall/Verstopfung?
- Der Stuhl von Herrn K. ist hart/weich/wässrig/weiß/schwarz/schleimig/blutig/...
- Haben Sie schon Wasser gelassen?
- Der Urin von Frau M. ist klar/trüb, braun / stark konzentriert, übelriechend, rötlich/blutig,
- Ich habe den Urinbeutel von Herrn N. gewechselt.
- Schwester, können Sie bitte die Urinflasche von Frau M. leeren.
- Kannst du bitte das Steckbecken von Frau K. in der Fäkalienspüle reinigen.
- Würdest du bitte bei Frau A. das Urinauffangsystem wechseln.
- Der Behälter für den 24-Stunden(Std.)-Sammelurin von Herrn M. steht im unreinen Raum unten im Regal.
- □ Schwester, können Sie mir bitte den Toilettenstuhl bringen. Ich muss dringend aufs Klo.

- Frau A. hat heute zweimal schwallartig unverdautes Essen erbrochen. Da sie immer noch über Übelkeit klagt, hat sie einen Spuckbeutel am Bett.
- □ Schwester, mir ist so schlecht/übel. Ich glaube, ich muss mich übergeben. Könnten Sie mir schnell eine Nierenschale bringen?
- Das Erbrochene von Frau A. war kaffeesatzartig/grünlich/blutig/schleimig.

Flüssigkeitsbilanzierung

- Frau Bayer muss bilanziert werden, d. h. wir legen ein Ein- und Ausfuhrprotokoll an.
- Zur Einfuhr gehören Getränke, flüssige Nahrung und Infusionen.
- Zur Ausfuhr gehören Urinmenge, Erbrochenes, Drainagen und Stuhl.
- Flüssigkeitsverluste über die Haut (Schwitzen) und Atmung werden meist geschätzt.

- Die Einfuhr trägst du in Milliliter (ml) links in die Spalte ein.
- Die Ausfuhr trägst du in die rechte Spalte ein.
- Frau Meier, Sie müssen ab jetzt bitte alles, was Sie an Flüssigkeit zu sich nehmen, hier auf diesem Blatt aufschreiben.
- Die Nachtschwester sammelt das Bilanzblatt ein und überträgt die Gesamteinfuhr und Gesamtausfuhr und rechnet das Ergebnis der Bilanz aus.
- Frau Mehlig darf eine positive Bilanz von +400 ml haben.
- Herr Sohler sollte eine negative Bilanz von –200 ml erreichen.
- Die Bilanz bei Frau Köhler sollte ausgeglichen sein, also +/– 0 ml.

Inkontinenz

- Frau Sehrs hat Probleme den Urin zu halten. Sie trägt am Tag / tagsüber / in der Nacht / nachts Inkontinenzeinlagen mit Netzhose.
- Frau Sehrs hat eine Harninkontinenz. Sie braucht ein neues Rezept für Inkontinenzslips.
- Frau Müller, Ihre Mutter braucht wieder Inkontinenzvorlagen. Können Sie bitte zwei Pakete im Sanitätshaus bestellen.

ärztliche Anordnungen

- Legen Sie für Frau M. ein Einfuhr- und Ausfuhrprotokoll an.
- Herr Müller muss unbedingt mehr trinken, er ist stark dehydriert / sein Urin ist stark konzentriert.
- Herr Meyer, Sie müssen wegen Ihrer Nierensteine/Blasenentzündung täglich mindestens zwei Liter trinken. Am besten mehr vormittags. Dann müssen Sie in der Nacht nicht so oft raus.
- Bei Frau Möller legen wir zum Blasentraining ein Miktionsprotokoll an.
- Herr M. klagt über Nykturie. Ich verschreibe ihm für die Nacht eine Urinflasche.
- Schwester Anna, Frau Mayer hat zu viel Flüssigkeit verloren. Geben Sie ihr über 24 Stunden 1000 ml NaCl (Natriumchlorid) und 1000 ml Ringerlösung intravenös (i.v.).
- Pfleger Paul, achten Sie bitte darauf, dass Herr Möller genügend trinkt / sein Lieblingsgetränk in der Nähe hat.

- Herr A. leidet an einer Stuhlinkontinenz und trägt deshalb ein Analtampon, das alle 6 bis 8 Stunden gewechselt werden muss.
- Herr A. bekommt vor der Koloskopie noch ein Klistier.
- Bei Herrn U. besteht Verdacht auf (V.a.) Darmverschluss/Ileus. Wir müssen sofort den Notarzt rufen.
- Zur Vermeidung von Verstopfung sollte Frau M. mehr trinken / mehr Obst essen.
- Herr A. bekommt gegen seine Obstipation 10 mg Laxans® supp.

Abkürzungen verwenden

BZ mg/dl	Blutzucker (Milligramm pro Deziliter)
RR	Blutdruck (Riva Rocci)
P	Puls (Schläge pro Minute)
T °C	Temperatur (Grad Celsius)
supp.	Suppositorium (Zäpfchen)
ZVD cm H_2O	zentraler Venendruck
ml	Milliliter
i. v.	intravenös
V.a.	Verdacht auf

Zu viel Zeit für die Dokumentation

Viele Pflegekräfte und Ärzte beklagen heute, dass sie für die Dokumentation zu viel Zeit brauchen. Teilweise gehen bis zu 40% der Arbeitszeit für die Bürokratie drauf. Diese Zeit fehlt dann zum Beispiel für das Gespräch mit den Patienten oder Bewohnern.

Die Pflicht zur Dokumentation, zur Schreibarbeit hat aber mehrere Ursachen. Einmal gibt es heute mehr medizinische Möglichkeiten. Mit einer sehr genauen Diagnose und Dokumentation kann man Krankheiten besser erkennen und behandeln. Außerdem werden die Krankenhäuser und Heime in D A CH von den Gesundheitsbehörden, dem MDK (Medizinischer Dienst der Krankenversicherung) überprüft, ob alle pflegerischen und medizinischen Standards eingehalten werden.

Viele Vorgänge werden auch durch das QM, Qualitätsmanagement der einzelnen Häuser oder Konzerne gemessen.

In der ambulanten Pflege ist die schriftliche Dokumentation sehr wichtig, da die Information über die Patienten oder Klienten meist nur schriftlich an die Kollegen der neuen Schicht weitergegeben wird.
Nicht zuletzt stehen die Krankenhäuser und Seniorenheime unter der ständigen Beobachtung der Medien. Missstände oder Probleme in den einzelnen Häusern werden schnell von der Presse aufgegriffen.
Die Krankenhäuser und die Pflegeheime können sich und die Mitarbeiter nur schützen, wenn sie schriftlich, also per Dokumentation nachweisen können, dass sie „sauber" gearbeitet haben.
Aber natürlich gilt der Grundsatz: So wenig Bürokratie wie möglich und nur so viel wie nötig.

Notizen

Was bedeutet das Sprichwort „Papier ist geduldig"?
Fragen Sie Ihre Kollegen.

7 Aufnahme- und Anamnesegespräch

persönliche Daten erfragen

- ■ Guten Tag, ich bin ... Ich möchte Ihnen einige Fragen für den Aufnahmebogen stellen. / Ich möchte gerne mit Ihnen das Aufnahmegespräch führen.
- ■ Sind Sie bereit für das Gespräch?
- ■ Wie heißen Sie?
- ■ Wie ist Ihr Vorname/Familienname/Nachname?

- ■ Wo wohnen Sie?
- ■ Wie ist Ihre Adresse?
- ■ Wie ist die Postleitzahl?
- ■ Wie ist Ihre Telefonnummer?

- ■ Wann und wo sind Sie geboren? Wie alt sind Sie?
- ■ Welche Nationalität haben Sie?
- ■ Welche Konfession haben Sie?
- □ Ich bin katholisch/evangelisch/konfessionslos/...

- ■ Wie ist Ihr Familienstand?
- □ Ich bin ledig / verheiratet / geschieden / verwitwet / getrennt lebend.
- ■ Haben Sie Kinder?

- ■ Welchen Beruf haben Sie / üben Sie aus?
- □ Ich bin Lagerist/Lehrerin.
- □ Ich bin im Ruhestand / Ich bin Rentner.
- □ Ich bin zur Zeit (z. Zt.) arbeitslos.
- ■ Wer ist Ihr Arbeitgeber / Wo arbeiten Sie?
- ■ Wie heißt Ihr Hausarzt? Haben Sie seine Telefonnummer?
- ■ Haben Sie einen Betreuer?
- ■ Leben Sie allein?
- ■ Wen sollen wir im Notfall anrufen?
- □ Meine Frau … unter der Nummer …

Krankengeschichte erfragen

- ■ Ich habe noch ein paar Fragen zu Ihrer Gesundheit.
- ■ Kommen Sie von zu Hause oder aus einer anderen Klinik?
- ■ Wer hat Sie eingewiesen?
- ■ Sie hatten einen Unfall? Was ist genau passiert?
- ■ Aus welchem Grund sind Sie hier?
- ■ Haben Sie einen Arztbrief / eine Überweisung dabei?

- ■ Wie geht es Ihnen? / Wie fühlen Sie sich?
- ■ Was haben Sie für Beschwerden? / Was führt Sie zu uns?
- ■ Haben Sie Schmerzen? Seit wann / Wie lange schon?
- ■ Leiden Sie an chronischen Erkrankungen wie z.B. Diabetes?
- ■ Waren Sie schon einmal (bei uns) im Krankenhaus?
- ■ Sind Sie schon einmal operiert worden? Wann war das?
- ■ Wissen Sie genau, was damals gemacht worden ist?

- ■ Nehmen Sie (regelmäßig) Medikamente? Welche? Haben Sie die mitgebracht/dabei?
- ■ Sind bei Ihnen Allergien bekannt?
- ■ Haben Sie eine Lebensmittelunverträglichkeit?
- ■ Wie ist Ihr Appetit? Leiden Sie an Appetitlosigkeit? Ist Ihr Appetit gut?
- ■ Haben Sie Probleme mit Ihrem Gewicht? Haben Sie zu- oder abgenommen?
- ■ Wie schlafen Sie? Können Sie gut einschlafen/durchschlafen?
- ■ Haben Sie Probleme beim Wasserlassen/Stuhlgang?

- Haben Sie häufig Harndrang? Leiden Sie an Verstopfung?
- Können Sie sich allein versorgen/waschen/anziehen/...?
- Brauchen Sie Hilfe beim Toilettengang / ...?
- Benötigen Sie irgendwelche Hilfsmittel, z.B. ein Hörgerät, eine Brille, eine Zahnprothese, einen Gehstock, einen Rollator?
- Haben Sie eine Pflegestufe? Welche?

- Trinken Sie (regelmäßig) Alkohol?
- Wie viel Alkohol (Bier, Wein, Schnaps) trinken Sie pro Tag/Woche?
- Rauchen Sie? Wie viel rauchen Sie pro Tag?
- Haben Sie schon einmal Drogen genommen?
- Wann haben Sie mit dem Rauchen/Trinken/Drogenkonsum aufgehört?

Pflegekonzepte
In der deutschen Alten- und Krankenpflege wird nach unterschiedlichen Pflegekonzepten gearbeitet, z.B. den A(B)EDLs (**A**ktivitäten, (**B**eziehungen) und **e**xistenzielle **E**rfahrungen des täglichen **L**eben**s**).
Durch diese ganzheitlichen Konzepte sollen pflegebedürftige Menschen möglichst lange ihre persönliche Selbstständigkeit erhalten, also sich selbst waschen, kleiden, essen und sich beschäftigen.
Dazu sollen sie ihre sozialen Beziehungen erhalten und pflegen.
Nicht zuletzt sollen sie mit ihrer eigenen Lebensgeschichte besser umgehen lernen, auch mit belastenden Erfahrungen wie zum Beispiel dem Tod des Ehepartners.
Das heißt, die Pflegekräfte versorgen nicht nur die pflegebedürftigen Leute, sondern geben ihnen auch immer Hilfe und Anregung, sich möglichst lange selbstständig zu versorgen.

Informationssammlung mithilfe der AEDLs:
Aktivitäten und Erfahrungen des täglichen Lebens.

(1) Kommunizieren
- Brauchen Sie eine Brille zum Lesen?
- Haben Sie ein Hörgerät?
- Können Sie mich gut verstehen?

(2) Sich bewegen
- Brauchen Sie eine Gehhilfe? Können Sie Treppen steigen?
- Benötigen Sie Hilfe beim Aufstehen/Gehen/Sitzen?
- Fühlen Sie sich sicher beim Gehen/Laufen/Aufstehen?

(3) Vitale Funktionen des Lebens aufrechterhalten
- Nehmen Sie Medikamente für Ihren Blutdruck?
- Haben Sie Probleme mit Ihrem Blutdruck / bei der Atmung?
- Schwitzen oder frieren Sie schnell?

(4) Sich pflegen
- Brauchen Sie Unterstützung bei der Körperpflege/Intimpflege?
- Benötigen Sie Hilfe beim Duschen/Baden?
- Haben Sie Probleme mit der Haut?
- Gibt es Pflegemittel/Cremes, die Sie nicht vertragen?

(5) Essen und Trinken
- Brauchen Sie eine bestimmte Diät / passierte/pürierte Kost?
- Welche Essgewohnheiten haben Sie?
- Wie ist Ihr Appetit?
- Haben Sie eine Lebensmittelunverträglichkeit?
- Was mögen Sie essen / Was essen Sie gern?
- Haben Sie Kau- oder Schluckbeschwerden?
- Brauchen Sie Unterstützung beim Essen oder Trinken?

(6) Ausscheiden
- Haben Sie Probleme mit dem Stuhlgang/Wasserlassen?
- Wie häufig gehen Sie zur Toilette?
- Nehmen Sie Abführmittel?
- Haben Sie regelmäßig Stuhlgang?

(7) Sich kleiden
- Können Sie sich allein An- und Auskleiden?
- Brauchen Sie Hilfe beim An- und Ausziehen?

(8) Ruhen und schlafen
- Haben Sie bestimmte Schlafgewohnheiten?
- Leiden Sie an Schlafstörungen?
- Nehmen Sie Schlafmittel zu sich?
- Können Sie nachts durchschlafen?

(9) Sich beschäftigen

- Haben Sie bestimmte Interessen/Hobbys?
- Gibt es bestimmte Dinge, die Sie gern tun?

(10) Sich als Mann oder Frau fühlen und verhalten

- Haben Sie bestimmte Gewohnheiten oder Wünsche in Bezug auf Kleidung, Kosmetika oder Schmuck?

(11) Für eine sichere Umgebung sorgen

- Wo soll ich Ihren Gehstock/Rollator hinstellen?
- Ich lasse die Nachtbeleuchtung an, damit Sie den Weg zur Toilette finden.

(12) Soziale Bereiche des Lebens sichern

- Welche Kontakte oder Besuchsgewohnheiten haben Sie?
- Bekommen Sie regelmäßig Besuch von Freunden/Verwandten?

(13) Mit existenziellen Erfahrungen des Lebens umgehen

- Gibt es Dinge, die Ihnen besondere Angst/Freude bereiten?
- Gibt es Ereignisse, die Sie traurig machen / Ihnen Freude machen?

einen Biografiebericht in einer Senioreneinrichtung erstellen

- Frau Mayer, erzählen Sie bitte etwas zu Ihrem Leben?
- Wann und wo sind Sie geboren?
- Wer waren Ihre Eltern?
- Haben Sie Geschwister?
- Welche Schule(n) haben Sie besucht?
- Haben Sie eine Ausbildung gemacht / ein Studium absolviert?
- Herr Wolf, waren Sie beim Militär / als Soldat im Krieg? Sind Sie verwundet worden?
- Was haben Sie nach dem Kriegsende gemacht?
- Haben Sie Kinder? Was machen die heute? Wo leben sie?
- Bekommen Sie regelmäßig Besuch?

- Frau Mayer, Sie haben vorher erwähnt, dass Sie einmal einen schlimmen Unfall / eine schwere Krankheit/Operation hatten. Erzählen Sie etwas darüber?
- Haben Sie Sorgen?
- Gibt es Probleme in der Familie / am Arbeitsplatz / ...?

- Was für Hobbies haben Sie? / Welche Hobbys hatten Sie früher?
- Treiben Sie Sport? / Haben Sie früher Sport getrieben?
- Haben/Hatten Sie ein Haustier?
- Haben/Hatten Sie einen Garten?
- Was essen Sie gern?
- Welche Sendungen im Fernsehen sehen Sie gern?

Familien- und Sozialanamnese erfragen

- Frau Mayer, leben Sie allein oder mit Familie?
- Wohnen Sie zur Miete oder in einem eigenen Haus / einer Eigentumswohnung?
- Seit wann sind Sie verheiratet/geschieden/verwitwet?
- Können Sie (noch) selbstständig leben oder brauchen Sie regelmäßig Hilfe?
- Gibt es in Ihrer Familie besondere/schwere Erkrankungen?
- Hatten Ihre Eltern oder andere Verwandte auch diese Krankheit?
- Ist Ihre Krankheit eine große Belastung für die Familie?
- Leben Ihre Eltern noch?
- Woran ist Ihre Mutter / Ihr Vater gestorben?
- Gibt es finanzielle Probleme durch Ihre Krankheit/Pflegebedürftigkeit/...?
- Gibt es in Ihrem Alltag Probleme, die Sie sehr belasten?
- Haben/Hatten Sie ein Haustier?
- Wer versorgt jetzt die Kinder / Ihren Mann / ...?
- Haben Sie regelmäßig Besuch von ... / Kontakt zu Ihrer Familie / zu Freunden?
- Wer ist das / Wer sind die Personen auf diesem Foto?
- Haben Sie Nichten/Neffen, Enkel, Onkel/Tanten?

Gespräche mit Angehörigen

- Herr Wolf, an wen können wir uns wenden, wenn wir Fragen haben? An Ihren Sohn / ...? Wen sollen wir in Notfällen informieren?
- Seit wann hat Ihre Mutter diese Beschwerden / ...?
- Ist Ihre Mutter selbstständig oder braucht sie Hilfe?
- Hat Ihre Mutter besondere Sorgen/Ängste/Vorlieben/...?

- Wir haben bemerkt, dass Ihre Mutter schlecht zu Fuß ist / nachts unruhig ist / …

Angehörige über stationäre Aufnahme informieren

- Herr Wolf (jun.), Ihr Vater ist bei uns im Seniorenheim/Krankenhaus. Können Sie bitte vorbeikommen / ihm etwas … bringen.
- Ihrer Mutter geht es soweit gut, die Diagnose darf ich Ihnen aber nicht sagen.
- Über die Diagnose/Therapie müssen Sie bitte mit dem behandelnden Arzt sprechen.
- Die OP ist soweit gut verlaufen. Ihrem Sohn geht es gut.
- Ihre Frau liegt noch im Aufwachraum. Sie kommt erst am Nachmittag / … auf Station.
- Ihre Frau ist noch nicht auf Station. Rufen Sie bitte später / in zwei Stunden / … noch einmal an.
- Ich informiere den diensthabenden Arzt, dass Sie mit ihm sprechen möchten.
- Ich rufe den Arzt, damit Sie mit ihm sprechen können.
- Ihr Vater liegt auf Zimmer 6. Es geht ihm den Umständen entsprechend gut. Mehr darf ich Ihnen leider nicht sagen. Alles Weitere müssen Sie mit dem Arzt besprechen.
- Sie können/dürfen jetzt Ihre Mutter / den Patienten / … besuchen.
- Ihre Frau ist sehr erschöpft. Es ist vielleicht besser, wenn Sie jetzt gehen und morgen wieder kommen.
- Ihr Sohn ist wieder ansprechbar / noch nicht ansprechbar.
- Gehen Sie ruhig zu Ihrer Tochter ins Zimmer, sie wird sich über Ihren Besuch freuen.

mit Angehörigen über den Gesundheitszustand sprechen

- Ihrer Mutter / Ihrem Vater / … geht es gut / leider nicht so gut.
- Dem Patienten geht es den Umständen entsprechend.
- Der Zustand Ihrer Tochter ist leider kritisch.
- Machen Sie sich keine / nicht zu viel Sorgen.
- Über die Diagnose darf ich leider nicht sprechen. Da müssen Sie bitte den Arzt fragen.

- Ihre Frau ist nach der Operation noch sehr schwach, sie braucht Ruhe. Sie können sie aber kurz sehen / zu ihr gehen.
- Ihr Sohn hat sich gut erholt, er ist schon ganz munter.
- Sie sollten nicht so schwarzsehen, Ihre Tochter muss sich jetzt erholen und dann vielleicht eine Kur machen.

Schweigepflicht
Angehörige und Freunde fragen oft nach dem Zustand oder der Diagnose des Pflegebedürftigen. Pflegekräfte und Ärzte dürfen nur mit Zustimmung des Patienten Auskünfte zu Krankheit, Diagnose, Therapie und persönlicher Situation geben. Das dürfen bedingt nur die behandelnden Ärzte.
Die Schweigepflicht gilt auch nach dem Tod des Patienten. Personen, die an der Pflege und Therapie beteiligt sind, dürfen aber Informationen, die für die Behandlung und Pflege wichtig sind, weitergeben.
Immer mehr Leute haben heute diese Rechte in einer Vorsorge- und Betreuungsvollmacht bzw. Patientenverfügung geregelt. Dort steht, wer z.B. in einem Notfall, wenn der Kranke oder alte Mensch nicht mehr selbst entscheiden kann, zu medizinischen oder pflegerischen Entscheidungen gefragt werden soll. (Siehe auch Kapitel 8.)
Viele Formulare sind auf der Homepage des Bundesministeriums der Justiz und für Verbraucherschutz www.bmjv.de kostenlos zu finden.

Gefühle verstehen und Anteilnahme zeigen

- Hallo, Frau Mayer, geht es Ihnen heute besser?
- Haben Sie immer noch Schmerzen/Beschwerden?
- Hat die Salbe / die Spritze gegen die Schmerzen geholfen?
- Sind die Schmerzen/Beschwerden stärker/schlimmer geworden?
- Kann ich noch etwas für Sie tun? Haben Sie einen Wunsch? Möchten Sie etwas trinken / ...?
- Kann ich Ihnen helfen? Brauchen Sie Hilfe?
- Brauchen Sie Hilfe beim Aufstehen / bei der Toilette / beim Anziehen?

- Ich helfe Ihnen gern. / Das mache ich doch gern.
- Ich bin ganz vorsichtig, aber ich muss jetzt den Verband erneuern.
- Es tut mir leid, aber ich muss Ihnen noch mal Blut abnehmen / Sie noch mal stechen.
- Ich kann verstehen, dass das unangenehm/schmerzhaft für Sie ist.
- Wie fühlen Sie sich jetzt? Ist Ihnen übel/schwindelig?
- Können Sie den Schmerz aushalten? Die starken Rückenschmerzen haben Ihnen bestimmt Angst gemacht.
- Machen Sie sich Sorgen wegen Ihrer Diagnose / um Ihre Kinder / Ihre Arbeit?

einen Patienten/Bewohner beruhigen

- Keine Angst! Das schaffen Sie schon!
- Die Verletzung / Das Risiko ist minimal / nicht so groß.
- Kein Problem!
- Halb so schlimm / Es ist nicht so schlimm, wie es aussieht.
- Seien Sie unbesorgt!
- Kopf hoch! Es wird alles wieder gut.
- Wir haben hier sehr gute Möglichkeiten/Ärzte/..., da können Sie ganz beruhigt sein. Sie sind hier in guten Händen.
- Jetzt entspannen Sie sich erst einmal.
- Machen Sie sich keine Sorgen. Sie werden sicher schnell wieder gesund. / Sie werden sich sicher schnell wieder erholen.
- Jetzt schlafen Sie erst einmal.

über Zusatzangebote im Haus informieren

- Für unsere Bewohner/Patienten können wir verschiedene Angebote machen.
- Jede Woche gibt es ein Angebot zur Kunsttherapie / zum Singen / zum Gedächtnistraining.
- In unserem Saal finden regelmäßig Vorträge zu medizinischen oder kulturellen Themen statt.
- Sie können bei uns jeden Morgen um 7.30 Uhr Frühsport machen.
- Mittwochnachmittags haben wir immer einen Lauftreff.

- Manchmal haben wir auch Musikveranstaltungen oder zeigen Filme.
- In unserem Seniorenheim/Krankenhaus gibt es eine Kapelle.
- Bei uns wird jeden Sonntag ein evangelischer/katholischer Gottesdienst / die Messe gefeiert.
- Der Krankenhausseelsorger besucht sie auch gern auf Ihrem Zimmer.
- Der Sozialdienst kann Ihnen in allen rechtlichen Fragen und bei Fragen an die Krankenkasse helfen.
- Wenn Sie Fragen zu einer Reha (Rehabilitationsmaßnahme) oder zu einer Kur haben, kann Ihnen unsere Sozialarbeiterin helfen.
- Im Erdgeschoss gibt es eine Cafeteria. Dort können Sie Ihre Angehörigen treffen.
- Für Raucher gibt es eine Raucherterrasse / ein Raucherzimmer.

Die Kriegsgeneration und die Nazi-Zeit
In Deutschland und Österreich haben viele Menschen, die circa zwischen 1920 und 1940 geboren wurden, den 2. Weltkrieg und die unmittelbare Nachkriegszeit als Kinder, junge Soldaten oder Zivilisten miterlebt. Viele sind auch mit ihren Familien aus den ehemaligen deutschen Ostgebieten vertrieben worden. Und viele haben im Krieg und danach schreckliche und traumatisierende Dinge erlebt und vielleicht enge Familienmitglieder oder ihre Heimat verloren.
Heute sind diese Leute alt. Einige haben noch eine gute, andere eine schlechte Erinnerung, wieder andere wollen von diesen Dingen nichts mehr hören und nicht mehr darüber sprechen.
In manchen Fällen finden Sie über die Bewohner Informationen in der Biografieakte, die Ihnen erklären, wovon die Bewohner/ Patienten vielleicht sprechen, wovor sie Angst haben oder worüber sie nicht reden möchten.
Manche ältere Leute sind auch extrem sparsam, gerade weil sie in einer Zeit mit großer Not und Hunger aufgewachsen sind.

Sprichwörter und Redensarten zum Trost der Patienten

- Ende gut, alles gut!
- Die Zeit heilt alle Wunden.

Welche Redensarten benutzen Ihre Kollegen in Situationen, in denen sie Patienten beruhigen wollen?

Gibt es in Ihrer Heimat ähnliche Sprichwörter, um einen Patienten/Angehörigen zu beruhigen? Dann sagt man …

8 Vor und nach der Operation

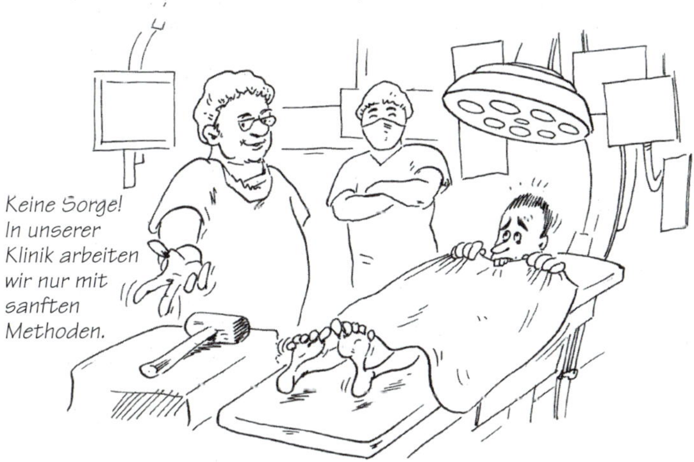

Anweisungen und Maßnahmen vor der OP

- Herr Kork, haben Sie für die OP alle Unterlagen, also das EKG, die Blutuntersuchung und das Röntgenbild / die Röntgenaufnahme der Lunge mitgebracht?
- Der Narkosearzt/Anästhesist kommt gleich zu Ihnen und spricht mit Ihnen über die Narkose / klärt Sie über die Narkose auf.
- Keine Sorge, Sie sind in guten Händen. Zur Beruhigung bekommen Sie für die Nacht / vor der OP eine Tablette.
- Sie müssen ab 22.00 Uhr nüchtern bleiben, das heißt, Sie dürfen nichts mehr essen oder trinken. Und bitte auch nicht mehr rauchen oder einen Kaugummi kauen.
- Wir müssen für die OP noch Blut abnehmen / ein EKG machen.
- Um einer Thrombose vorzubeugen, bekommen Sie ab heute eine Heparinspritze.
- Herr Schumann, wir müssen Sie jetzt für die OP vorbereiten.
- Herr Braun, wir machen Sie jetzt für die OP fertig.
- Herr Braun, ich gebe Ihnen jetzt ein Klysma, um Ihren Darm für die OP zu entleeren.

- Herr Braun, wir müssen für die OP noch Ihr rechtes Bein / … rasieren.
- Frau Falke, würden Sie bitte wegen der OP morgen den Nagellack von Ihren Finger- und Fußnägeln entfernen.
- Bitte tragen Sie vor der OP kein Make-up auf. Bitte entfernen Sie Ihr Make-up.
- Frau Falk, bitte legen Sie vor der OP Ihren Schmuck ab und verschließen ihn im Tresor.
- Haben Sie eine Zahnprothese / Kontaktlinsen / ein Hörgerät? Dann müssen Sie die/das vor der OP bitte herausnehmen.
- Frau Braun, bitte gehen Sie vor der OP noch duschen.
- Ich lege Ihnen hier das OP-Hemd und die Antithrombosestrümpfe hin. Bitte ziehen Sie sich das an.
- Soll ich Ihnen beim Anziehen des OP-Hemdes / der AT-Strümpfe helfen?
- Bitte ziehen Sie alles aus, auch die Unterwäsche, und ziehen Sie bitte das OP-Hemd an.
- Wir bringen/fahren/schieben Sie in einer halben Stunde in den OP / zur OP-Schleuse.
- Gehen Sie bitte noch mal zur Toilette und nehmen Sie dann Ihre Tablette.
- Sie werden jetzt in den OP geschleust. Bitte setzen Sie die Kopfhaube auf und legen Sie sich auf die OP-Liege.
- Wir setzen Ihnen jetzt die Kopfhaube auf und betten Sie auf die OP-Liege um.

Fettnäpfchen / interkulturelle Probleme

„Ich mache Sie jetzt fertig“ könnte einem Patienten gegenüber sehr unhöflich und grob klingen. „Fertig“ hat mehrere Bedeutungen: einmal positiv, z. B. „Ich mache Sie jetzt für die Operation fertig“, also: Ich helfe bei den Vorbereitungen wie Waschen, Schmuck abnehmen usw. Oder negativ: „Ich mache dich fertig!“, was so viel heißt wie „Ich bin der Stärkere“.
Bei manchen Redewendungen sollte man vorsichtig sein und sie nur benutzen, wenn man die verschiedenen Bedeutungen genau versteht.

Übergabe nach der OP

- Bei Herrn Schumann wurde eine radikale inguinale Orchietktomie bei (einem) Hoden-Karzinom/... gemacht.
- Die OP wurde in Vollnarkose durchgeführt.
- Patient ist wach, ansprechbar und orientiert.
- Während der OP gab es keine besonderen Vorkommnisse. Patient bekam 500 ml Eigenblut/Fremdblut.
- Die OP hat von ... bis ... gedauert.
- Der Patient / Die Patientin ist/war während der OP kreislaufstabil.
- Er hatte eine hypo-/hypertone Phase und bekam ... i.v.
- Blutdruck, Puls, Temperatur und Atmung waren unauffällig.
- Der Hb-Wert war post-OP ...
- Die Blutgasanalyse war unauffällig / in Ordnung.
- Er hat einen Abbocath rechts / eine Braunüle links / einen zentralen Venenkatheter (ZVK) rechts / einen Dauerkathcter (DK) / eine Magensonde / eine Redon-Drainage rechts/links.
- Verband ist trocken / unauffällig / leicht durchgeblutet.
- Er hat noch keinen / hat bereits Spontanurin gelassen.
- Gegen die Schmerzen hat sie/er 1 Ampulle Tramal® in 100 ml NaCl erhalten.
- Er hat 500 ml Ringer i.v. erhalten. Infusion und Antibiotikum nach Plan.

Überwachung/Verordnungen postoperativ

- ZVD-Kontrolle/Vitalzeichenkontrolle alle ... Minuten.
- Messen Sie bitte alle ... Minuten/Stunden Blutdruck/Puls/Temperatur/ZVD/BZ/...
- Ein- und Ausfuhrkontrolle ist bis morgen früh angeordnet.
- Emil, bitte kontrollieren Sie Ausfuhr / die Ausscheidung / die Drainagen / den Wundverband von Herrn Eder.
- Hb/Hkt/BB/BZ/Elektrolyte müssen noch mal um 16.00 Uhr kontrolliert werden.
- Morgen früh soll ein Röntgen-Thorax gemacht werden.
- Bei Bedarf bekommt Patient 30 Tropfen Tramal®.
- Wenn Herr Eder in der Nacht große Schmerzen hat, können Sie ihm ... geben.

- Frau Eberl soll für die Nacht / für die nächsten Tage folgende Medikamente / ... Milliliter ... bekommen.
- Schwester Mira, tragen Sie bitte ... ins Überwachungsprotokoll ein.
- Patient muss bis ... nüchtern bleiben / darf um ... Uhr trinken/ essen.
- Herr Eder darf ab heute Nachmittag wieder etwas trinken. Ab morgen darf er leichte Kost essen.
- Patient hat Bettruhe bis ... / darf am Abend mobilisiert werden.

nach dem Befinden fragen

- Frau Schumann, wie fühlen Sie sich heute / am ersten Tag nach der OP?
- Haben Sie gut geschlafen?
- Haben Sie noch starke Schmerzen? Brauchen Sie noch Schmerzmittel?
- Haben Sie Schmerzen an der Wunde?
- Sagen Sie mir, wo genau es Ihnen wehtut.
- Ist Ihnen noch übel? Haben Sie noch Atemnot/Schmerzen im / in der ...
- Sind Sie schon aufgestanden? Wie klappt es mit dem Aufstehen?
- Sind Sie schon gelaufen?
- Haben Sie schon mit der Atemgymnastik begonnen?
- Haben Sie schon gegessen? Haben Sie das Essen / das Medikament gut vertragen?

Angehörige/Patienten über den OP-Verlauf informieren

- Die OP ist ohne Komplikationen verlaufen.
- Ihre Mutter hat die OP gut überstanden.
- Ihr Vater liegt noch im Aufwachraum. Es geht ihm soweit gut.
- Wir haben Sie / Ihren Mann drei Stunden operiert.
- Sie haben während der OP leider viel Blut verloren, deshalb mussten wir Ihnen eine Bluttransfusion geben.
- Wir konnten ohne Probleme den Tumor entfernen / die TEP einsetzen / den Knochenbruch operieren.

Vorsorgevollmacht und Patientenverfügung
Seit dem 1. September 2009 gibt es in Deutschland ein neues Gesetz, in dem die Rechte der Patienten geregelt werden. Nach diesem Gesetz können die Patienten selbst bestimmen, ob sie im Falle einer unheilbaren Krankheit oder bei Hirntod lebensverlängernde Maßnahmen wollen. In dieser Patientenverfügung kann man auch regeln, wer von den Angehörigen Entscheidungen treffen soll, wenn man durch Krankheit oder Unfall nicht mehr selbst bestimmen kann, welche medizinischen Maßnahmen ergriffen werden sollen.
Durch dieses Gesetz wird einerseits die Entscheidungsfreiheit der Ärzte eingeschränkt, andererseits werden sie entlastet, weil die Entscheidung zum Teil in der Verantwortung des Patienten liegt. Auch die Entscheidung über juristische Fragen, Finanzangelegenheiten oder das Erbe im Todesfall können in einer Vorsorgevollmacht und Patientenverfügung geregelt werden.

Sprichwörter und Redensarten zum Thema „Aufmuntern und Mut machen“

„Da haben Sie aber Glück gehabt“ oder „Glück im Unglück“ kann man zum Beispiel sagen, wenn jemand zwar einen Unfall hatte, aber dann doch nicht schwer verletzt oder schnell gerettet wurde.

„Jetzt aber Kopf hoch“ – „Man darf/soll den Kopf nicht hängen lassen“ oder „Man muss doch nicht gleich schwarzsehen“ – diese Redensarten sollen ausdrücken, dass man manchmal schon durch eine andere Körperhaltung oder eine andere Perspektive die Dinge auch anders sehen kann. Jede Krankheit und jede Operation sind eine Krise und können niederdrücken. Aber jede Krankheit und Operation sind vielleicht auch eine Chance, in Zukunft gesünder und bewusster zu leben.

Notieren Sie Redewendungen aus Ihrem Land, mit denen man Patienten oder Bewohner aufmuntern kann.

9 Visite und Übergabe

Lachen ist die beste Medizin.

Patienten nach dem allgemeinen Befinden fragen: ansprechen

- Guten Morgen! Wie geht es Ihnen heute?
- Wie fühlen Sie sich?
- Haben Sie gut geschlafen / Wie war Ihre Nacht?
- Geht es Ihnen besser?
- Haben Sie sich etwas von der Operation / der Untersuchung erholt?
- Was tut Ihnen weh / Wo tut es Ihnen weh?
- Haben Sie noch Schmerzen / Was machen Ihre Beschwerden?

sich nach der Zufriedenheit erkundigen: aktives Zuhören

- Ist alles in Ordnung?
- Machen Sie sich Sorgen?
- Ich kann Ihre Sorgen verstehen.
- Schmeckt es Ihnen?
- Können Sie gut schlafen?
- Vertragen Sie die Infusion?
- Brauchen Sie etwas für die Nacht / zum Schlafen / gegen die Schmerzen / ein Rezept?
- Gibt es sonst noch etwas, was ich/wir für Sie tun können?

neue Patienten vorstellen

- Das ist Frau Kremer, sie ist gestern mit Appendizitis / … zu uns gekommen.
- Die Patientin klagt / berichtet / gibt an …
- Herr Meier wurde gestern mit Verdacht auf (V. a) Pneumonie bei uns aufgenommen/eingeliefert.
- Bisher haben wir folgende Untersuchungen gemacht: …
- Wir haben intravenös … verabreicht/gegeben.
- Die Röntgenaufnahme zeigt / lässt erkennen, dass …
- Die Laborergebnisse weisen auf … hin / lassen … vermuten.
- Es stehen noch Sonographie/MRT/… aus.
- Weitere Untersuchungen wie … sind für heute/morgen geplant.
- Das MRT/Schädel-CT / die Laborwerte waren unauffällig / ohne Befund (o.B.).
- Die Befunde ergeben keine Hinweise auf …
- Herr Müller ist gestern an … operiert worden.
- Der Patient wurde gestern von der Inneren zu uns verlegt.
- Herr Müller ist wach / orientiert / ansprechbar / noch leicht desorientiert / sehr unruhig /…
- Herr Müller ist in einem guten EZ (Ernährungszustand) und AZ (Allgemeinzustand).

Laborbefunde/Untersuchungsergebnisse darstellen und erfragen

- Hier sind die Aufnahmen/Befunde/Werte …
- Die Untersuchungen sagen/zeigen / zeigen uns …
- Das ist das aktuelle Labor von heute Morgen.
- Bei der Gastroskopie wurde … festgestellt.
- Das EEG lässt … erkennen / weist auf … hin / bestätigt den V.a. …
- Die Zytologie / Der Tumormarker war unauffällig.
- Wie sind denn die Laborwerte?
- Dr. Endres, wir haben jetzt die Werte aus dem Labor / die Aufnahmen aus der Röntgenabteilung von Herrn/Frau …
- Schwester Monika, sind die Ergebnisse von Herrn/Frau … aus dem Labor / aus der Radiologie/Sonographie schon da?
- Was haben die Untersuchungen ergeben?
- Haben wir schon ein Röntgen-Thorax?

Pflegemaßnahmen und Untersuchungen anordnen

- Bitte lassen Sie noch eine Röntgenaufnahme / ein CRT, ein kleines Blutbild (BB), ... machen.
- Schwester Carla, wir müssen ein 24-Stunden-Langzeit-EKG / ... machen.
- Bitte kontrollieren Sie ab jetzt den ...–Wert.
- Herr Mey soll ab sofort 3 x täglich / bei Bedarf ... bekommen.
- (Pfleger) Paul, mobilisieren Sie den Patienten bitte zweimal täglich.
- Machen Sie bitte morgen einen ZVK-Verbandswechsel und messen Sie 1x tgl. ZVD.
- Der Dreiwegehahn und das Infusionssystem bei Frau K. müssen noch gewechselt werden.
- Bitte legen Sie bei Herrn ... ein Ein- und Ausfuhrprotokoll an.
- Herr ... wird die nächsten drei Tage bilanziert.
- Bitte machen Sie heute bei Frau ... einen Katheterwechsel.
- Bitte einmal täglich Verbandswechsel (VW) durchführen.
- Bitte wechseln Sie den Verband und legen Sie eine neue Drainage.
- Bitte bei Herrn M. am 12. postoperativen Tag die Fäden/ Klammern ex (entfernen).
- Frau Raub soll ab heute 2 x tgl. mit NaCl 0,9% inhalieren.
- Die Magensonde / Der ZVK kann heute Abend gezogen werden.

Patienten Ergebnisse und Vorgehen mitteilen: Situation erklären

- Frau Sauter, Ihre Werte aus dem Labor sehen ganz gut / leider nicht so gut aus.
- Zur Abklärung müssen wir noch weitere Untersuchungen machen.
- Sie brauchen sich keine zu Sorgen machen, aber wir müssen uns den Befund noch genauer ansehen.
- Sie bekommen erst mal eine Spritze / einen Schmerztropf /... gegen die Schmerzen.
- Wir geben Ihnen ab sofort etwas gegen Ihren Bluthochdruck.
- Das Blutzuckertagesprofil deutet darauf hin, dass Sie an Diabetes erkrankt sind.
- Wir behandeln den Bruch konservativ, d. h. wir werden Sie nicht operieren.

- Die Behandlung wird zirka (ca.) 4 Wochen dauern.
- Sie werden frühestens in 4 Tagen entlassen.
- Es besteht der Verdacht, dass Sie an ... erkrankt sind.
- Zur Behandlung Ihres Tumors empfehlen wir Ihnen ... / würden wir Ihnen ... vorschlagen.

Patienten die rechtliche Situation erklären

- Herr Mirow, wir haben jetzt alle Untersuchungen gemacht und denken, dass wir Sie morgen operieren werden. Dazu brauchen wir aber Ihr Einverständnis.
- Sind Sie mit der Operation einverstanden?
- Herr Mirow, bevor wir Sie operieren, brauchen wir eine Einverständniserklärung.
- Wenn Sie keine Fragen mehr haben, dann müssten Sie hier bitte die Einverständniserklärung zur Untersuchung / zur OP unterschreiben.
- Möchten Sie wegen der Behandlung erst noch einmal mit Ihren Angehörigen sprechen?
- Haben Sie eine Patientenverfügung?
- Haben Sie noch Fragen zu ...?
- Haben Sie alles verstanden?
- Gibt es etwas, was Sie nicht verstanden haben / was ich Ihnen noch mal genauer erklären soll?
- Sie können sich gerne eine zweite Meinung bei einem Kollegen einholen.

die Angst nehmen und trösten

- Machen Sie sich keine Sorgen!
- Ich kann das erklären: ...
- Ich muss noch einmal Blut abnehmen, erschrecken Sie nicht, es pikt/pikst ein bisschen! (piken/piksen, ugs. = stechen)
- Keine Angst, es tut nicht sehr weh!
- Sie wissen, jede Operation/Narkose ist ein kleines Risiko, aber das ist hier sehr gering.
- Sie müssen sich wirklich keine Sorgen/Gedanken machen. Sie sind hier in guten Händen.

- Wir haben uns die weitere Therapie genau überlegt.
- Wir haben mit dieser Behandlung/OP/Therapie sehr gute Erfahrungen gemacht.
- Die Testergebnisse sind leider nicht gut ausgefallen, aber wenn wir sofort mit der Therapie beginnen, haben Sie eine gute Heilungschance.

das „schwere Gespräch“

- Herr Weiß, leider haben die letzten Untersuchungen gezeigt, dass ...
- Sie wissen wahrscheinlich selbst schon, dass es nicht so gut um Sie steht.
- Sie wissen, dass jede Operation ein Eingriff ist und den Körper belastet.
- Leider sind die Aussichten nicht so gut.
- Haben Sie eine Patientenverfügung?
- Es tut mir wirklich sehr leid, aber ich muss Ihnen ehrlicherweise mitteilen, dass ...
- Ist es Ihnen lieber, wenn jemand aus Ihrer Familie dabei ist, oder sollen wir zu zweit sprechen?

sich von Patienten verabschieden

- Also, Frau Leicht, dann erholen Sie sich weiter gut.
- Gute Besserung!
- Auf Wiedersehen!
- Falls es später noch Fragen/Probleme/Wünsche gibt, sagen Sie es der Schwester und/oder lassen Sie mich rufen.

nach dem körperlichen Befinden fragen

- Können Sie so gut liegen/sitzen?
- Schmerzt die Wunde / das Bein / ... noch?
- Vertragen Sie die Tabletten / die Infusion / ...?
- Kommen Sie mit dem Gehwagen / der Gehhilfe / dem Hörgerät / ... zurecht?
- Haben die Tabletten / das Schmerzmittel / die Wärmflasche geholfen?

- Ist Ihnen noch schwindelig/übel/...?
- Haben Sie noch Probleme beim Wasserlassen / mit dem Stuhlgang / mit der Schulter / ...?
- Fühlen Sie sich heute besser / fitter / immer noch müde?
- Möchten Sie ein paar Schritte gehen / sich bewegen / sich hinlegen / etwas ausruhen?

Schichtübergabe machen

- Auf Zimmer 322 liegt ein Neuzugang, Herr Ming, 68 Jahre alt, mit Prostatakarzinom.
- Auf Zimmer 321 liegt Herr Maier. Er kam gestern zu uns mit V. a. (Verdacht auf) Pneumonie.
- Er/Sie braucht Hilfe beim Waschen/Aufstehen/...
- Frau Kahler von Zimmer 7 hat heute Vormittag zweimal erbrochen.
- Herr Kraft auf Zimmer 342 muss heute Nachmittag zum CT-Abdomen. Der Hol- und Bringdienst ist für 14.00 Uhr bestellt.
- Für Frau Janosch auf Zimmer 3 ist das Labor bereits gerichtet.
- Könntet ihr bitte noch Herrn Wahrig auf Zimmer 2 waschen.
- Frau Ehrhard wurde heute am Waschbecken mobilisiert. Sie war aber noch etwas schwach und braucht weiterhin Unterstützung.
- Herr Roland auf Zimmer 5 ist noch nüchtern. Die OP wurde auf den Nachmittag verschoben.
- Frau Auer fühlt sich heute nicht wohl. Sie klagt über Schwindel. Der Blutzucker war normal, Blutdruck 115 zu 80.
- Herr Altthaler wollte heute nichts zu Abend essen. Er hatte keinen Appetit.
- Herr Güther klagte beim letzten Durchgang über Kopfschmerzen. Vitalzeichen unauffällig. Der Doktor hat 500 mg Aspirin angeordnet.
- Frau Mehrig bekam zur Nacht (z. N.) 20 Tropfen Tramal® gegen Ihre Schmerzen / 10 mg Adumbran® zum Schlafen.
- Die Medikation bei Frau Kohler wurde umgestellt. Sie bekommt ab sofort ...
- Bei Herrn Auer wurden die Klammern entfernt.
- Bei Herrn/Frau ... wurde ein Verbandswechsel (VW) gemacht. Die Wundränder sind leicht gerötet. Die Wunde ist trocken.

- Frau Wohl wird heute entlassen. Sie wird von ihren Angehörigen abgeholt.

Anordnungen, Pflegemaßnahmen, Pflegebericht dokumentieren und weitergeben

- Die Bedarfsmedikation/Dauermedikation trägt der Arzt mit Datum in die Kurve ein und zeichnet sie ab.
- Ärztliche Anordnungen, die du durchgeführt hast, werden von dir mit deinem Handzeichen (Hdz.) als erledigt gekennzeichnet.
- Eine telefonische Anordnung vom Arzt musst du in den Pflegebericht eintragen. Der Arzt muss die Anordnung jedoch schriftlich nachtragen.
- Pflegerische Maßnahmen wie Verbandswechsel, Drainagen ziehen, Thrombosepropylaxe, ... müssen vom Arzt angeordnet und von der durchführenden Pflegekraft auf dem entsprechenden Kurvenblatt/Protokoll abgezeichnet werden.
- Die Wirkungen pflegerischer Maßnahmen, z.B. Kontrakturenprophylaxe, werden in den Pflegebericht geschrieben.
- Körperliche/Geistige und seelische Beobachtungen am Patienten wie z.B. Pat. hat sich heute alleine gewaschen / wirkt sehr schläfrig / klagt wieder über / ... schreibst du in den Pflegebericht.
- Laborwerte/Laborbefunde klebst/schreibst du in das entsprechende Aktenblatt.

gängige Abkürzungen verstehen

- Verdacht auf (V. a.)
- Verbandswechsel (VW)
- ohne Befund (o.B.)
- Magnetresonanztomographie (MRT)
- Computertomographie (CT)
- Zentraler Venenkatheter (ZVK)
- Zentraler Venendruck (ZVD)
- Operation (OP)
- Elektroenzephalographie (EEG)
- Elektrokardiogramm (EKG)
- Schädelhirntrauma (SHT)

Patienten an eine andere Station übergeben

- Unsere Patientin Frau Meier soll heute zu euch verlegt werden. Wann können wir sie bringen?
- Hallo, hier Schwester Maria. Wann sollen wir Herrn Braun schicken? Er soll heute zu euch verlegt werden.
- Hallo. Ich bringe hier Herrn Braun.
- Hier ist die Patientenakte / die Kurve / seine Medikation für heute / Hier sind seine Röntgenbilder.
- Im Koffer / In der Tasche sind seine persönlichen Dinge.
- Der Patient kam zu uns mit Ulcus cruris / Schädelhirntrauma (SHT) / …
- Der Patient war/lag bei uns eine Woche / drei Tage stationär wegen …
- Der Patient kommt zu euch mit (V. a.) Herzrhythmusstörungen/ Bandscheibenprolaps/…
- Der Patient hat seine Medikation für heute Morgen erhalten.
- Der Patient ist mobil / braucht Hilfe beim … / ist mobilisiert / …
- Unser Stationsarzt kommt heute Nachmittag zum Verbandswechsel.
- Der Patient benötigt einen Rollstuhl / eine Gehilfe.
- Der Patient hat einen Dauerkatheter (DK) / ZVK / eine Braunüle® / …

mit Beschwerden von Patienten und Angehörigen umgehen

- Es tut mir leid, dass Sie so lange gewartet haben, aber …
- Entschuldigung, dass es so lange gedauert hat, aber …
- Ich verstehe, dass Sie verärgert sind.
- Leider haben wir im Moment keine andere Möglichkeit.
- Ich kann Ihren Vorwurf verstehen.
- Ich werde sofort versuchen, das Problem zu lösen.
- Warten Sie bitte einen Moment. Ich werde mich um Ihr Anliegen kümmern.
- Wenn Sie sich bitte noch einen Augenblick gedulden. Ich komme gleich zu Ihnen.
- Ich kann mir vorstellen, dass das nicht angenehm für Sie ist, aber leider …

Stationäre und ambulante Pflege
In den letzten 20 Jahren wurde das Angebot an ambulanter Pflege ausgebaut. Die meisten Menschen sind froh, wenn sie in ihrer gewohnten Umgebung gepflegt werden können statt in einer Senioren- oder Pflegeeinrichtung.
Die ambulante Pflege wird zum Teil von kirchlichen oder caritativen Organisationen wie der Caritas oder dem Roten Kreuz oder auch von privaten Pflegediensten geleistet.
Je nach Pflegestufe bekommen die Pflegebedürftigen einen Teil der Kosten von der Pflegekasse zurück.
In vielen Fällen gibt es auch Mischformen, das heißt die Angehörigen pflegen die Pflegebedürftigen zusammen mit den Fachkräften des mobilen Pflegedienstes.

Notizen

10 Medikamente, Materialien und Geräte

Arzneimittel

- Das Arzneimittel/Medikament ist frei verkäuflich / nicht apothekenpflichtig.
- Sie können das Medikament auch in einer Drogerie kaufen. Es ist nicht apothekenpflichtig.
- Sie können die Salbe nur in einer Apotheke kaufen. Sie ist apothekenpflichtig.
- Der Arzt muss Ihnen für die Tabletten ein Rezept ausstellen. Die Tabletten sind rezeptpflichtig.
- Der Arzt muss Ihnen die Tabletten verschreiben. Sie sind verschreibungspflichtig.
- Rezeptpflichtige Medikamente bekommen Sie nur in der Apotheke.
- Betäubungsmittel (BtM) dürfen nur gegen Vorlage eines Betäubungsmittelrezeptes Teil I und Teil II von Apotheken abgegeben werden.

Beipackzettel

- Zusammensetzung (Inhaltsstoffe/Wirkstoff): 1 Kapsel / 1 Ampulle / 1 Suppositorium enthält/entspricht 0,5 g / 10 mg / 10 ml …

- Anwendungsgebiete (Indikation): Zur Behandlung von … / Zur Anwendung bei/von … / Bei Erkrankungen des Magen-Darm-Trakts / Kopfschmerzen / krampfartigen Bauchschmerzen / Bluthochdruck / …
- Gegenanzeigen (Kontraindikation): xy soll nicht angewendet werden bei … / darf nicht angewendet werden bei … / dürfen nicht eingenommen werden bei … / darf nicht verabreicht werden bei … / Patienten mit … sind bei der Einnahme von xy gefährdet / sollten xy nicht einnehmen.
  Das Medikament sollte nur nach Rücksprache mit dem Arzt / nach Befragen des Arztes bei … angewendet/eingenommen werden.
  Für Kinder unter 6 Jahren oder jünger sind … nicht geeignet / sind die Dosierungsempfehlungen zu beachten.
- Dosierung (Menge der Einnahme):
  Soweit nicht anders verordnet wird das Medikament … eingenommen/gegeben.
  Falls vom Arzt nicht anders verordnet, ist die übliche Dosis:
  3-mal täglich 1–2 Tabletten/Dragées
  Kinder bis 40 kg Körpergewicht 50–100 mg pro Tag
  Die Tageshöchstdosis sind 2000 mg.
  – 5 ml 3-mal täglich – 1–2 Hübe/Sprühstöße bei Bedarf
  – 1–2 cm langen Salbenstrang – 10–30 Tropfen täglich
- Nehmen Sie das Medikament immer nach der Anweisung der Packungsbeilage oder fragen Sie Ihren Arzt oder Apotheker.
- Wechselwirkung mit anderen Medikamenten:
  Die Wirkung von … kann durch …-Präparate erhöht/vermindert werden.
  Das Medikament sollte nicht zusammen mit … eingenommen/gegeben werden.
- Art der Anwendung (Art und Weise der Einnahme):
  Das Medikament soll vor/nach dem Essen
  – mit viel/ausreichend Flüssigkeit
  – unzerkaut
  – gelutscht
  eingenommen werden.
  … intravenös/subkutan/intramuskulär verabreicht werden.
  … in Wasser aufgelöst und getrunken werden.

... auf die Haut/Schleimhaut / die Wunde aufgetragen werden.
... in den After / die Vagina eingeführt werden.

- Nebenwirkungen (unerwünschte Wirkungen):
  XY kann zu allergischen Reaktionen / Schwindel / Steigerung der Herzfrequenz / Durchfall / Blutarmut / führen.
  Es treten häufig/selten/... auf.
  Es wurden manchmal/... beobachtet.
- Aufbewahrung (wie wird das Medikament gelagert):
  XY nicht über 25 Grad lagern.
  XY muss kühl/dunkel gelagert werden.
  XY nach Anbruch / nach dem Öffnen nicht länger als 4 Wochen verwenden.

Anordnung von Medikamenten: Dosierung, Darreichungsform

- Herr/Frau Frank bekommt ab sofort ...
  - 3-mal täglich Acetylsalicylsäure 100 per os
  - 50 mg L-Thyroxin am Morgen / morgens
  - Adalat® 10 Kapseln sublingual bei Bedarf
  - Canifug® Vaginalzäpfchen am Abend
  - morgens und abends 20 Tropfen Novalgin®
  - 10 mg Adumbran® zur Nacht oral
  - 2 Hübe Nitrolingual® bei Bedarf
  - 3-mal täglich 5 Tropfen Otalgan® ins rechte Ohr
  - morgens und zur Nacht Nasivin® Nasentropfen
  - vor der OP ein Klistier
  - morgens und abends 1 cm Bepanthen-Augensalbe® ins rechte Auge
  - 4 x täglich 10 Internationale Einheiten Penicillin intravenös/ intramuskulär
  - 1 x täglich Clexane 40® subcutan
- Wenn Frau Meier schmerzfrei ist, können wir das Schmerzmittel absetzen.
- Sobald Frau Müller fieberfrei ist, reduzieren wir die Antibiose auf ... mg.
- Bei Herrn Schmidt stellen wir die Medikation auf ... um.
- Herr Fröhlich bekommt ab heute nur noch einmal täglich ...

- Geben Sie der Patientin zunächst 5 mg Adalat® sublingual und kontrollieren Sie noch mal den Blutdruck.
- Sollte die Patientin heute Nacht Schmerzen bekommen, geben Sie Ihr bitte 20 Tropfen Tramal®.
- Bei hohem Fieber / Temperatur über 39^5 erhält Herr Schmidt zusätzlich 500 mg Paracetamol supp.

Medikation dokumentieren: Dosierung, Darreichungsform

- Doktor Bahlmann, schreiben Sie die Medikation für Herrn/Frau Merk bitte noch in die Kurve:

3 x tgl. ASS 100 p.o.
L-Thyroxin® 50 1-0-1
Adalat® 10 Kps., s.l. b. B.
Canifug® supp. 0-0-1
Novalgin® 20 Gtt. 1-0-1
Adumbran® 10 p.o. 0-0-0-1
Nitrolingual® 2 Hübe b. B.
5 Trpf. Otalgan® OT 1-1-1 re. Ohr
Nasivin® NT 1-0-0-1
prä-OP 1 Klistier
Bepanthen® AS 1-0-1
Penicillin 10 I.E., i.v. / i.m.
Clexane® 40 1x tgl.

Patienten Anwendungsgebiete erklären

- Diese Tablette ist gegen den Juckreiz / gegen Kopfschmerzen / ...
- Gegen den Hustenreiz verschreibe ich Ihnen einen Hustensaft.
- Die Lutschbonbons gegen Halsschmerzen können Sie so lange nehmen, wie Sie wollen.
- Ein gutes Hausmittel bei Erkältung ist einfach viel trinken, am besten Tee oder warmes Wasser.
- Bei hohem Fieber können Sie auch eine kalte Kompresse auf die Stirn legen.
- Sie bekommen jetzt eine Spritze gegen die starken Schmerzen.
- Frau Möller, wir hängen Sie jetzt an den Tropf (ugs. für Infusion), damit wir Ihren Elektrolythaushalt wieder in Ordnung bringen.
- Bitte reiben Sie Ihre Beine regelmäßig mit der Venensalbe ein, damit die Schwellung zurückgeht.
- Solange Sie noch akute Schmerzen haben, Frau Senge, bekommen Sie von uns dreimal täglich eine Tablette ...

Patienten Dosierung und Darreichungsform erklären

- Ich verschreibe Ihnen gegen die Infektion ein Antibiotikum / ein pflanzliches Mittel. Nehmen Sie davon bitte morgens, mittags und abends eine Tablette unzerkaut und mit viel Flüssigkeit.
- Nehmen Sie die Kapseln bitte eine Stunde vor/nach dem Essen ein.
- Lösen Sie Tabletten in einem Glas Wasser auf und trinken Sie das Glas leer.
- Nehmen Sie bei starken Schmerzen 20 Tropfen von dem Schmerzmittel. Geben Sie die Tropfen dazu am besten auf einen Löffel mit ein bisschen Zucker.
- Nehmen Sie 7 Tage lang morgens und abends 10 ml von dem Saft.
- Sollten Sie nach drei Tagen Antibiotikaeinnahme immer noch Fieber haben, kommen Sie bitte noch mal zu mir.
- Tragen Sie die Salbe täglich dünn auf die betroffene/gerötete Hautstelle auf.
- Schmieren Sie die Salbe 3-mal täglich auf das Knie.
- Reiben Sie die Schulter bei Bedarf mit dem Schmerzgel ein.
- Geben Sie einen ca. 1 cm langen Streifen von der Salbe 2-mal am Tag in das entzündete Auge.
- Kleben Sie das Pflaster auf den Schmerzpunkt und erneuern Sie es alle 24 Stunden / täglich.
- Gegen die Schmerzen bekommen Sie von mir Ohrentropfen. Tröpfeln Sie 3-mal täglich 5 Tropfen in Ihr rechtes Ohr.
- Ich gebe Ihnen gegen die Rückenschmerzen eine Spritze in den Oberarmmuskel.

Medikamente austeilen und verabreichen

- Guten Morgen Herr Kramer. Hier ist Ihr Dispenser mit Ihren Tabletten. Die Tabletten im Kästchen **Morgen** nehmen Sie vor dem Frühstück, die im Kästchen **Abend** nehmen Sie bitte vor dem Abendessen. Im Kästchen **Nacht** ist eine Schlaftablette. Die nehmen Sie aber nur, wenn Sie nicht schlafen können.
- Hier sind Ihre Tabletten für heute. Es sind zwei weniger, weil die Magentabletten abgesetzt wurden.
- Sie müssen jetzt nur noch morgens und abends eine Kapsel gegen Ihren Zucker nehmen.

- Sie bekommen ab heute das Antibiotikum als Tabletten.
- Herr Braun, Sie haben vergessen, Ihre Tablette zu nehmen.
- Soll ich Ihnen die Tablette klein machen / mörsern / auflösen, damit Sie sie besser schlucken können?
- Sie müssen das Zäpfchen vaginal/rektal einführen.
- Schwester, in meinem Dispenser fehlt die Magentablette.
- Ihre Schmerztropfen sind in dem Tropfenbecher.
- Karin, hast du die Medikamente / die Infusion für Siems schon gerichtet?
- Jürgen, kannst du bitte überprüfen, ob Frau Mahler Ihre Tabletten genommen hat?
- Herr Bauer, ich spritze Ihnen jetzt in den Oberschenkel-/ Gesäßmuskel ein Schmerzmittel.
- Herr Roland, machen Sie bitte den Bauch frei. Ich möchte Ihnen die Insulinspritze geben.
- Frau König, Sie müssen die Tabletten am besten vor dem Essen mit viel Flüssigkeit schlucken/nehmen.
- Frau Grau, ich hänge Ihnen jetzt gegen Ihre Schmerzen einen Schmerztropf an.

Wiedervorstellung eines Patienten beim Arzt nach Medikation

- Was kann ich heute für Sie tun?
- Hat Ihnen das Medikament geholfen?
- Fühlen Sie sich mit den Tabletten besser?
- Haben Sie die Tabletten / die Spritze gut vertragen?
- Wie geht es Ihnen, seit Sie die Tabletten nehmen?
- Haben Sie Magenprobleme?
- Haben Sie irgendwelche Nebenwirkungen beobachtet?
- Fühlen Sie sich müde/benommen oder haben Sie Übelkeit/ Erbrechen/ Durchfall?
- Haben Sie Fragen zu der Einnahme des Medikamentes?
- Wollen Sie erst einmal den Beipackzettel lesen?
- Frau Demmer, sind Sie gegen Penicillin/... allergisch?
- Wir würden gern ein anderes Präparat nehmen/ausprobieren.

Geräte und Materialien im Krankenhaus und in der Pflegeeinrichtung kennenlernen, Anweisungen verstehen

- Die Infusionsbestecke/Dreiwegehähne sind im Stationszimmer.
- Die Infusionspumpen/Perfusoren/Infusionsständer sind im Lagerraum 1.
- Die Kanülen sind in der Schublade unten rechts.
- Schwester Svetlana, die Schutzhandschuhe, die Desinfektionsmittel, Fieberthermometer, Blutdruckmesser und die anderen Geräte sind im Raum neben dem Stationszimmer gelagert.
- Alle anderen Geräte wie Rollator/Gehwagen, Rollstuhl und die Toilettenstühle findest du im Geräteraum.
- Frau Möller darf die ersten drei Tage nach der Operation nicht aufstehen. Sie bekommt ein Steckbecken / eine Bettpfanne.
- Herr Meyer, solange Sie nicht selbstständig auf die Toilette (gehen) können, können Sie die Urinflasche benutzen.
- Anna, für die Steckbecken und die Urinflaschen haben wir im Unreinen Raum eine Spülmaschine, du musst / Sie müssen sie nicht mit der Hand waschen/reinigen.
- Für die Patienten, die sich nicht selbstständig bewegen können, haben wir im Badezimmer einen Patientenlifter.
- Das Verbandsmaterial und die frische Bettwäsche sind bei uns im ... gelagert.

mit Abfällen umgehen und entsorgen

- Die schmutzige Wäsche kommt in den Schmutzwäschesack und dann in die Wäscherei.
- Die kontaminierten Abfälle müssen separat entsorgt werden.
- Für alle infektiösen Abfälle gelten gesonderte Vorschriften.
- Die Kanülen und Einmalspritzen kommen in die Kanülenabwurfbehälter.
- Der normale Hausmüll wird vom Reinigungspersonal mitgenommen.
- Für gebrauchtes Geschirr und Gläser gibt es einen Geschirrwagen.
- Leere Flaschen sollen zurück an den Kiosk / in die Cafeteria.

Geräte und Materialien in der ambulanten und häuslichen Pflege benennen und erklären

- Herr Möbius bekommt jetzt von der Krankenkasse einen Rollator.
- Wenn später Bedarf ist, kann er auch einen Rollstuhl bekommen.
- Frau Kranz wird zu Hause von ihrer Schwester gepflegt, zur Erleichterung hat die Krankenkasse jetzt ein Pflegebett bewilligt.
- Sie braucht täglich Inkontinenzvorlagen (ugs. Windeln).
- Frau Kranz wird zusätzlich zum Baden und Duschen wöchentlich von einem Pflegedienst besucht. Als Hilfe hat sie jetzt einen Badewannenlift einbauen lassen.

Sicherheits- und Warnhinweise

Alle Medikamente haben einen Beipackzettel / einen Waschzettel oder eine Packungsbeilage, die bestimmte Sicherheits- und Warnhinweise enthalten. Die wichtigsten sollten Sie Ihren Patienten oder Bewohnern nennen können.

Bei manchen Medikamenten gibt es Warnhinweise, dass man bei Einnahme nicht verkehrstüchtig ist, das heißt, z.B. nicht Auto fahren oder keine Maschinen bedienen soll.

Besonders ältere Leute, die zu Hause ambulant gepflegt werden, haben im Lauf der Jahre viele Medikamente gesammelt. Viele sind wahrscheinlich abgelaufen. Diese Medikamente müssen alle entsorgt und am besten in einer Apotheke zurückgegeben werden. Nur so ist man etwas sicherer, dass die älteren Leute nur die Medizin bekommen, die sie vom Arzt verschrieben bekommen haben und auch nehmen sollen.

Rote Liste

Die Rote Liste ist ein Arzneimittelverzeichnis für Deutschland, sie erscheint jährlich als Buch oder Intranetversion. Ärzten, Krankenhäusern und Apothekern wird sie kostenlos zur Verfügung gestellt.

Neuerdings befindet sich eine Rote Liste für Patienten und Angehörige im Aufbau. Sie ist noch nicht komplett und erscheint im Internet.

Man findet in ihr fast alle gängigen Arzneimittel (Präparatnamen) in alphabetischer Reihenfolge. Angaben zu den Präparaten sind unter anderem:

- Handelsname mit Darreichungsform und Packungsgröße
- Abgabestatus (*nAp* = nicht apothekenpflichtig, *Ap* = apothekenpflichtig, *Rp* = rezeptpflichtig, *BtM* = Betäubungsmittel)
- Zusammensetzung: Wirkstoff(e), weitere Bestandteile
- Anwendungsgebiete (Indikationen)
- Dosierung
- Gegenanzeigen (Bedingungen, unter denen das Arzneimittel nicht angewendet werden soll)
- Anwendungsbeschränkungen (Bedingungen, unter denen das Arzneimittel nicht oder nur unter Beachtung bestimmter Vorsichtsmaßnahmen angewendet werden sollte)
- Schwangerschaft/Stillzeit
- Nebenwirkungen
- Wechselwirkungen mit anderen Medikamenten
- Warn- und Lagerungshinweise

Notizen

11 Telefonieren

sich am Telefon melden, weiterverbinden

externe Telefonate

- ■ Klinikum Waldstraße, Wagner, Rezeption.
- ■ Guten Tag, hier ist Schwester Naomi, Station 3.
- ■ Gefäßchirurgie, Station 3, Pfleger Karl, guten Morgen.
- ■ Seniorenresidenz Bergheim, mein Name ist Höfl. Wie kann ich Ihnen helfen?
- ■ Pflegedienst Fröhlich, Sie sprechen mit Pfleger Emil. Was kann ich für Sie tun?
- □ Können Sie mich bitte mit der Stationsärztin verbinden?
- ■ Einen Moment bitte, ich verbinde.
- ■ Frau Dr. Becker ist gerade nicht am Platz, kann sie Sie zurückrufen?
- ■ Bitte geben Sie mir Ihre Nummer. / Unter welcher Nummer sind Sie erreichbar?
- □ Unter der 0811 23 43 57.
- ■ Ich wiederhole, Ihre Nummer ist null-acht-eins-eins zwei-drei vier-drei fünf-sieben.
- □ Richtig!
- ■ Frau Dr. Becker ist nicht am Platz, Sie hat die Durchwahl -11. Sie können es gern später noch einmal versuchen.

- ■ Der Apparat von Frau Dr. Becker ist gerade besetzt / Frau Doktor Becker spricht gerade, wollen Sie warten oder später noch einmal anrufen?

- □ Guten Morgen, hier Mayer. Meine Mutter ist gestern bei Ihnen eingeliefert worden. Können Sie mir sagen, auf welcher Station sie liegt?
- ■ Wie heißt Ihre Mutter mit Vornamen?
- □ Anna Mayer, Mayer mit a und Ypsilon, und e Er am Schluss.
- ■ Ihre Mutter liegt auf der Inneren (Station 3), Zimmer 324. Moment, ich verbinde Sie erst einmal mit dem Stationszimmer. / Soll ich Sie verbinden?

- □ Guten Tag, hier ist Büding. Könnte ich bitte den Stationsarzt Dr. Groß sprechen?
- ■ Tut mir leid, der ist heute nicht im Haus. Wollen Sie eine Nachricht für ihn hinterlassen?
- □ Gern, bitte notieren Sie, dass er mich morgen zurückrufen soll. Ich möchte ihn fragen, wann meine Mutter voraussichtlich entlassen wird / ob meine Mutter in eine Reha kommt / wie …
- ■ Gern, bitte geben Sie mir Ihre Nummer. Oder ist das die, die ich auf dem Display sehe: 85 73 445?
- □ Ja, das ist sie. 85 73 445.
- ■ Ich wiederhole 85 73 445.
- □ Danke! Auf Wiederhören!

- ■ Seniorenheim Marta Maria, … (Name), was kann ich für Sie tun?
- □ Ich möchte gern mit jemandem aus der Verwaltung sprechen.
- ■ Ich verbinde / Ich stelle Sie mal durch.
- ■ Hören Sie, dort meldet sich gerade niemand, wollen Sie es später noch einmal versuchen oder sollen wir zurückrufen? Dann geben Sie mir bitte Ihre Nummer.

- ■ Guten Tag, Frau Kurz. Klinikum Bonn, Chirurgische Abteilung, Doktor Becker. Sind Sie die Tochter von Emma Kurz? / Spreche ich mit Frau Fink, der Tochter von …?
- ■ Guten Morgen, hier spricht Doktor Kempter von der Kardiologie. Könnte ich bitte den diensthabenden Chirurgen/Kollegen der Chirurgie sprechen.

eine Nachricht auf dem AB (Anrufbeantworter) / der Mailbox hinterlassen

Oft kann man den gewünschten Gesprächspartner nicht direkt erreichen. Dann hört man oft folgenden Text:
Hier ist der Anrufbeantworter / die Mailbox von Thomas Müller.
Ich bin im Moment nicht erreichbar, Sie können mir aber gern eine Nachricht hinterlassen. Ich rufe Sie dann umgehend zurück.
Als Antwort ist möglich:

■ Hier ist Frau Meier, meine Telefonnummer ist 089 13 44 56 27. Bitte rufen Sie mich baldmöglichst zurück. Es geht um ...

Manchmal wird auch eine E-Mail-Adresse als Kontakt angegeben, z.B.: Sie können mich auch per E-Mail erreichen, die Adresse ist: th.mueller@bayern.de (gesprochen: Te – Ha – Punkt – eM – U – E – Doppel-eL– E – eR – @=et – Be – A –Ypsilon – E – eR – eN – Punkt – De – E – alles klein geschrieben)

Manchmal wird für weitere Informationen auch auf eine Homepage verwiesen. Dann hören Sie z.B.: Unsere Website finden Sie unter http://www.dhm.mhn.de/de/kliniken_und_institute/...
Der Schrägstrich wird auch in D A C H als „slash“ gesprochen.

Fragen beantworten, nachfragen, Verständigung sichern

□ Spreche ich mit dem Waldklinikum?
■ Ja, hier ist das Waldklinikum Gauting, Müller am Apparat. Was kann ich für Sie tun?
□ Kann ich bitte meine Tante, Frau Frei, sprechen?
■ Gern, geben Sie mir bitte noch den Vornamen, dann kann ich Sie verbinden.

□ Mit wem habe ich gesprochen?
■ Mit Frau Ludstein von der Sozialberatung / ...

□ Hier Nesterenko. Ich möchte gern meinen Bruder sprechen, Herrn Dimitrov, er liegt bei Ihnen im Krankenhaus.
■ Wie heißt Ihr Bruder?
□ Pavel Dimitrov.

- ■ Können Sie das buchstabieren / Wie schreibt man das?
- □ (gesprochen) De I eM I Te eR O Vau, Dimitrov.
- ■ Verstanden. Ich verbinde Sie mit seinem Zimmer, die Durchwahl ist -345.
- □ Danke und auf Wiederhören!

(s.a. Buchstabiertafel S. 215f.)

Manchmal wird das Gespräch, z. B. beim Mobilfunk, unterbrochen oder man hat etwas nicht ganz verstanden, dann muss man nachfragen:

- ■ Wie bitte? Können Sie das bitte noch einmal wiederholen?
- ■ Können Sie das bitte / Können Sie die letzten Zahlen / den letzten Wert / … noch einmal wiederholen.
- ■ Können Sie bitte etwas lauter/langsamer/deutlicher sprechen.
- ■ Nicht so schnell bitte, ich muss das notieren.
- ■ Habe ich Sie richtig verstanden? Sie sagten …
- □ Ja, richtig/genau.

- ■ Ich glaube, wir haben uns missverstanden, meinen Sie …
- ■ Die Leitung / Die Verbindung war gerade unterbrochen. Also noch einmal …
- ■ Mit wem habe ich gesprochen?
- ■ Ich buchstabiere: eN, I, E, eM, eL, Ä-Umlaut, eN, De, E, eR, Niemländer.

Im Krankenhaus verwendet man verschiedene Abkürzungen und einen gewissen Berufsjargon (*bj.*). In der schnellen Kommunikation unter Kollegen gibt es diese Abkürzungen zum Beispiel für Laborwerte, aber auch für Arbeitsanweisungen, Untersuchungen usw. Im Folgenden eine Auswahl.

Laborwerte erfragen und verstehen (Abkürzungen)

- □ Labor Kaiser, guten Tag.
- ■ Hier Pfleger Rui, Station 4, habt ihr schon die Werte von Frau Müller?
- □ Wir haben die Werte schon (hoch)geschickt, aber was brauchst du denn?

- □ Das kleine/große Blutbild (BB).
- ■ Pfleger Rui, Station 4. Hallo Pedro, habt Ihr schon das Labor (*bj.*, gemeint sind die Laboruntersuchungen) / ... von Herrn Feist gemacht? Kannst du mir die Werte durchgeben?
- □ Ja, hast du was zum Schreiben? Also, der Hb ist ...
- ■ Hier Dr. Nordner von der Gynäkologie. Könnten Sie mir bitte die Blutwerte von Frau Menzig, Elisabeth, geboren am 05.08.1974 sagen.

- ■ Hallo, hier Dr. Mohler von der Intensivstation. Ich bräuchte dringend den Hb von Herrn M.
- □ Herr M., geboren am 30.01.1965.
- ■ Ja, richtig.

- ■ Hier Schwester Maria vom OP. Ich soll fragen, ob die Blutkonserve / das Thrombozytenkonzentrat (TK) von Frau K. schon gekreuzt/ da ist.

- ■ BZ (Be-Zett) fünfundsiebzig: Blutzucker 75
- ■ BSG (Be – eS – Ge) vierzehn: Blutkörperchensenkungsgeschwindigkeit 14
- ■ Hb (Ha – Be) dreizehn Komma fünf: Hämoglobin 13,5
- ■ Hk/Hkt (Ha-Ka-Te) einundvierzig: Hämatokrit 41
- ■ Erys vier Komma acht: Erythrozyten 4,8
- ■ Thrombos zweihundertvierundfünfzigtausend: Thrombozyten 254.000
- ■ Leukos fünftausendachthundert: Leukozyten 5800

Elektrolyte durchsagen

- ■ Natrium hundertsechsunddreißig: Na 136
- ■ Kalium vier Komma drei: K 4,3
- ■ Calcium zwei Komma fünf: Ca 2,5
- ■ Chlorid achtundneunzig: Cl 98
- ■ Magnesium null Komma sechsundachtzig: Mg 0,86

Werte telefonisch erfragen und notieren

- ■ Hallo Svetlana, was hat denn Frau Müller jetzt für einen Blutdruck?
- □ Zuletzt 170 zu 95.
- ■ Oh, der ist hoch, habe ich dich richtig verstanden? 170 zu 95?
- □ Ja, richtig.

Termine und Untersuchungen vereinbaren

- ■ Hallo, hier Schwester Ana von der Station 3. Wir bräuchten für unsere Patientin, Frau Müller, einen Termin für einen Röntgen-Thorax (*bj.*). Wann könnt ihr das machen?
- □ Im Moment nicht, aber in einer Stunde, also um 10 Uhr.
- ■ Gut, dann schicken/bringen wir sie um zehn zu euch. Wiederhören.

- ■ Hier Schwester Nataliya, Seniorenresidenz Bergheim. Unser Herr Feist ist aus der Reha zurück und braucht jetzt regelmäßig Krankengymnastik. Wann könnte jemand vorbeikommen?
- □ Moment, ich sehe mal nach. Ja, die Sonja / Frau … kommt dienstags zu euch ins Haus, sie könnte Herrn Feist um 15 Uhr übernehmen.
- ■ Schön, dann merke ich das vor / dann notiere ich, Dienstag 15 Uhr. Danke!

- ■ Hallo, Unfallambulanz, Pfleger Emil. Wir haben gerade einen Motorradunfall reinbekommen, Schädelverletzung. Wir brauchen dringend ein Röntgen/Kernspint …
- □ Ja, kommt gleich/sofort rüber, wir bereiten alles vor.

- ■ Guten Morgen, Schwester Maria von der Gynäkologie. Unsere Patientin, Frau Schäfer, soll heute zu euch verlegt werden. Wann können wir sie bringen?

Transporte am Telefon anfordern, Ware bestellen

- ■ Hier Schwester Nataliya, Seniorenresidenz Bergheim. Wir möchten ein Taxi bestellen. Können Sie uns in zehn Minuten eins schicken, die Adresse ist Waldstraße 22.
- □ Gern, das Taxi kommt in zehn Minuten.
- ■ Danke, bitte melden Sie sich an der Rezeption.

- ■ Hallo, hier Schwester Maria von der Inneren, Station 2. Wir bräuchten einen Patientenbegleitdienst um 14.00 Uhr für Frau Meier. Sie muss im Rollstuhl zum …

- ■ Hallo, hier die Gefäßchirurgie, Pfleger Luis. Wir brauchen für 15.00 Uhr einen Hol- und Bringdienst ins Labor.

- ■ Guten Morgen, Klinikum Mannheim, Gynäkologie, Station 4. Ich möchte für 10.00 Uhr einen Krankentransport liegend/sitzend nach Freudenstadt bestellen.

- ■ Sanitätshaus Dorfner. Florian Dorfner am Apparat.
- □ Ambulanter Pflegedienst mit Herz, Pfleger Emil. Wir bräuchten wieder Inkontinenzvorlagen Größe M für Frau Müller, in der Gartenstraße 4.
- ■ Wie viele Pakete brauchen Sie?
- □ Bitte liefern Sie drei Pakete.
- ■ Machen wir gerne, die Lieferung kommt am Mittwochvormittag.

- ■ Station 6, Pfleger Thomas am Apparat. Wir bräuchten dringend noch vier Kartons Ringerlösung. Können Sie die heute noch bringen?

mit Angehörigen telefonieren

- □ Guten Tag, hier ist Frau Endres. Meine Mutter ist gestern operiert worden. Ich möchte nachfragen, wie es ihr geht. Sie liegt auf Station 4.
- ■ Einen Moment, ich verbinde Sie mit dem Arztzimmer auf der 4.
- ■ Dr. Gruber, Station 4.
- □ Hier Endres, ich wollte mich erkundigen, wie es meiner Mutter geht. Ist sie schon aufgewacht?
- ■ Ihre Mutter ist schon wieder wach / schläft noch. Ihr geht es den Umstanden entsprechend / gut / noch nicht so gut / …
- □ Kann ich Sie heute schon besuchen?
- ■ Sie können heute Nachmittag kommen, aber kommen Sie bitte zunächst allein, sie braucht noch etwas Ruhe.

- □ Guten Tag, hier ist Kahle. Wie geht es meinem Sohn? Haben Sie schon einen Befund / ein Ergebnis?
- ■ Augenblick bitte – im Moment noch nicht, ich werde aber gleich im Labor nachfragen / im PC nachsehen.

- □ Guten Tag, hier ist Hofer. Könnte ich bitte Dr. Erhard sprechen?
- ■ Leider nicht, er ist gerade auf Visite / im OP / … . Kann er sie zurückrufen? / Kann ich etwas ausrichten? / Um was geht es bitte?
- □ Ich wollte mich erkundigen, wann mein Vater, Hans Hofer, entlassen wird / in die Reha kommt / …
- ■ Das kann ich Ihnen nicht sagen, bitte rufen Sie später, nach 14 Uhr noch einmal an. / Da darf ich Ihnen keine Auskunft geben, das müssen Sie direkt mit den Ärzten klären.

- □ Guten Abend, hier ist Roth, meine Tochter ist heute bei Ihnen eingeliefert worden. Was ist denn passiert?
- ■ Ihre Tochter hatte einen Autounfall, es geht ihr aber soweit gut.
- □ Können Sie mir nichts Genaueres sagen?
- ■ Ich kann/darf Ihnen leider keine genauere Auskunft geben, da müsste ich Sie mit der diensthabenden Ärztin verbinden.

den Haus-/Beleg-/Notarzt in die Pflegeeinrichtung rufen

- ■ Praxis Dr. Berg, Maria am Apparat.
- □ Guten Tag, hier ist Schwester Svetlana, von der Seniorenresidenz Bergheim. Können Sie bitte Frau Dr. Arnold sagen, dass sie morgen bei uns vorbeischaut.
- ■ Mach' ich, die Frau Doktor kommt dann morgen zu Ihnen ins Haus. Um 14 Uhr.
- □ Gut, danke, dann informiere ich die Wohnbereiche/Abteilungen.

- ■ Rettungsleitstelle Nord, Pfister.
- □ Pflegedienst Oberländer, Pfleger Emil. Unsere Bewohnerin Frau Müller ist gestürzt und es besteht der Verdacht auf Oberschenkelhalsbruch. Wir brauchen dringend einen Notarzt/Rettungswagen.
- ■ Okay. Wir schicken sofort einen. Wohin soll er kommen?
- □ In die Gartenstraße 14, 2. Stock, bei Müller.
- ■ Danke, wir warten und versorgen Frau Müller bis dahin.

ein Telefonat beenden

- Auf Wiederhören! Tschüss! / Bis gleich! / ....
- Vielen Dank für Ihren Anruf.
- Danke für die Information / für Ihre Hilfe.
- Ich habe Ihr Anliegen / Ihre Meldung / Ihren Wunsch notiert und werde es/sie/ihn weiterleiten.
- Bitte versuchen Sie es später noch einmal.
- Das haben wir geklärt, können Sie die anderen Fragen bitte schriftlich per E-Mail reinschicken. Das wäre nett.
- Das mag sein, aber diese Fragen sollten wir nicht am Telefon besprechen, sondern in einem persönlichen Gespräch klären.
- Ich melde mich nächste Woche / morgen / ... wieder bei Ihnen.

Notrufe in D A CH, Verhalten bei Notrufen

In D A CH gibt es ein sehr gut ausgebautes System für Notfälle. Wie in ganz Europa wird die Rettung über die europaweite Notrufnummer 112 erreicht. Kliniken haben eine eigene Notfallnummer für das Reanimationsteam.

Der Rettungsdienst wird fast immer über eine Rettungsleitstelle organisiert, das heißt, diese Stelle entscheidet, wer mit welchem Fahrzeug kommt, was zu tun ist, und ob vielleicht noch weitere Einsatzkräfte, z.B. Feuerwehr, Bergrettung, Kindernotarzt usw. gebraucht werden. Die Leitstelle / Der Notarzt entscheidet, wohin, also in welche Klinik der Patient gebracht wird.

In einem Notfall sollte man diese 5 Fragen beantworten können:

1. **Wer?** Wer meldet, Name.
2. **Wo?** Standort: Wo ist der Notfallort? Straße, Hausnummer, Stockwerk, Name usw.
3. **Was?** Was ist passiert? Vergiftung, Feuer, Unfall, ... Welche Rettungskräfte werden vielleicht gebraucht?
4. **Wie viel?** Wie viele Verletzte sind zu versorgen?
5. **Welche?** Welche Verletzungen oder Krankheitszeichen haben die Betroffenen?

Auf Rückfragen warten: Vielleicht hat die Leitstelle noch andere Fragen. Beenden Sie das Gespräch erst, wenn die Leitstelle keine Fragen mehr hat.

Wer darf welche Informationen telefonisch weitergeben?

Pflegekräfte und Ärzte sind generell an die Schweigepflicht gebunden. Ohne Zustimmung des Patienten oder Bewohners dürfen keine Informationen über die Behandlung und den Gesundheitszustand weitergegeben werden. Dazu gehören die Krankheitsgeschichte, Befunde, ärztliche Aufzeichnungen und Inhalte der Pflegedokumentation. Telefonische Auskünfte dürfen nur dann gegeben werden, wenn gesichert ist, dass es sich um die angegebenen Personen handelt.

Pflegekräfte dürfen nur ganz allgemein informieren.

Gibt es regionale Formeln, Redewendungen und Ausdrücke in einem Berufsjargon, die Kollegen, Patienten und Bewohner häufig benutzen? Was haben Sie gehört? Wenn Sie etwas nicht genau verstanden haben, fragen Sie nach. Vielleicht ist es ja kein Standarddeutsch, sondern nur ganz speziell in Ihrem Haus, Krankenhaus oder in Ihrer Pflegeeinrichtung oder nur in Ihrer Region gebräuchlich.

Notizen

12 Wunddokumentation, Hygiene, Sturzprotokoll

Wunden beschreiben

- Die Wunde ist/war septisch/kontaminiert/infiziert.
- Der Wundränder sind/waren gut durchblutet / gerötet / erhaben / zerklüftet / nekrotisch.
- Die Umgebung der Wunde / Die Wundumgebung ist normal/ intakt/mazeriert/schuppig und trocken/ödematös.
- In der Wundumgebung ist ein Ekzem.
- Die Wundfläche war/ist 3,24 cm^2 groß. (gesprochen: drei Komma vierundzwanzig Quadratzentimeter)
- Der Durchmesser der Wunde war 7,5 cm.
- Die Wunde hat eine Breite von … cm, eine Länge von … cm und eine Tiefe von … cm.
- Die Wunde ist … cm breit, … cm lang und … cm tief.
- Wundsekret: Die Wunde ist trocken/blutig/eitrig.
- Die Wunde ist kleiner/größer geworden.
- Die Wunde riecht/roch nicht.
- Der Geruch der Wunde ist übel/stark/mäßig riechend.
- Die Wunde schmerzt / schmerzt beim Verbandswechsel.
- Die Wunde ist geheilt/verheilt.

eine Wunddokumentation verstehen

- In unserer Universitätsklinik haben wir eine Wundmanagerin auf jeder Station.
- Sie macht die Wunddokumentation und gibt die Daten am PC ein.
- Wir dokumentieren die Exsudatmenge / die Wundflüssigkeit, die Exsudatbeschreibung und den Geruch.
- Wir müssen die Wunde lokalisieren, das heißt die Wundregion angeben und genau beschreiben.
- Die Wunde liegt rechts neben der BWS/Brustwirbelsäule / an der rechten Ferse / am linken Bein vorne / ...
- Die Wunde wird fotografiert und vermessen.
- Bei der Wundvisite wird der Heilungsverlauf der Wunde / der Zustand der Wunde genau beschrieben/beobachtet.
- Ein digitales Foto der Wunde ergänzt die schriftliche Wunddokumentation.
- Die Wundumgebung bei Herrn Müller ist normal/mazeriert/trocken/schuppig/...
- Herr Müller leidet an Stauungsdermatitis / einem Ekzem.
- Der Wundrand ist reizlos/gerötet/mazeriert/unterminiert/eingezogen/trocken/...
- Frau Mayer hat kein Wundödem / ein Lymphödem.
- Der Patient hat Schmerzen an der Wunde / keinen Wundschmerz.
- Es gibt keine/eine lokale / eine regionale Infektion.
- Die Exsudatmenge ist gering/mäßig/viel.
- Das Exsudat ist eitrig/serös.
- Das Exsudat riecht nicht/mäßig/stark.

Patienten informieren und über Maßnahmen aufklären

- Die Wunde sieht gut / besser / nicht schlechter aus.
- Die Wunde sieht noch nicht viel besser aus als gestern.
- Die Wunde ist kleiner / leider größer geworden. Die Wunde hat sich vergrößert/verkleinert.
- Die Wunde ist genauso groß wie vor einer Woche. Die Wunde sieht unverändert aus.
- Die Wunde eitert nicht mehr so stark wie vorgestern.

- Frau Müller, wir möchten Ihre Wunde am Rücken versorgen / den Verband am Rücken wechseln.
- Ich muss die Wunde noch spülen.
- Haben Sie mehr/weniger Schmerzen als vorher?
- Legen Sie sich bitte auf die Seite!
- Dann mache ich den Verband ab.
- Ich reinige jetzt die Wunde. Wenn Sie große Schmerzen haben, sagen Sie es.
- Für die Dokumentation muss ich noch die Wunde fotografieren, ich lege ein Maßband daneben.
- Frau Müller, ich lege noch eine Tamponade in die Wunde / … .
- Darüber kommt eine Wundauflage.
- Dann fixieren wir den Verband.

- Herr Mayer, Sie haben Glück. Sie brauchen keinen Verband mehr, die Wunde ist gut verheilt.

Hygienevorschriften verstehen

- Die Hygiene dient hauptsächlich zum Schutz / zur Prävention vor Infektionen.
- Bei/Vor jedem Kontakt mit Patienten/Bewohnern sind die Hygienevorschriften zu beachten/einzuhalten.
- Die Hygienevorschriften hängen im Stationszimmer / stehen im Hygieneplan / werden von der Hygienefachkraft überprüft.
- Der Reinigungs- und Desinfektionsplan legt fest, was, wann, wie, womit und wer desinfizieren/reinigen muss.
- Waschschüsseln, Steckbecken, Urinflaschen und Blumenvasen müssen im Krankenhaus nach Gebrauch desinfiziert werden.
- Vor der Blutentnahme muss die Injektionsstelle mit Neo-Kodan® besprüht werden und 30 Sekunden einwirken.
- Für die Schleimhautdesinfektion verwenden wir Octenisept®.
- Die Arbeitsflächen müssen mindestens einmal täglich mit einem Flächendesinfektionsmittel abgewischt werden.
- Schwester Svetlana, das wissen Sie ja, bevor Sie in das Patientenzimmer gehen, müssen Sie Ihre Hände desinfizieren.
- Zum Schutz vor einer Infektion solltest du dir Einmalhandschuhe / Schutzhandschuhe anziehen.

- Zum Katheterisieren benutzen wir sterile Handschuhe.
- Bei der Händedesinfektion muss das Desinfektionsmittel mindestens 30 Sekunden einwirken.
- (Pfleger) Emil, bei uns wird das gesamte Sterilisiergut in der Zentralsterilisation aufbereitet.

- Emil, wenn du auf das Isolierzimmer gehst, musst du immer einen Mundschutz / einen Schutzkittel / eine Schutzbrille / einen Haarschutz / Überschuhe tragen.
- Ana, du musst dir aus hygienischen Gründen bitte die Haare zusammenbinden.
- Wegen der Hygiene ist es nicht erlaubt, lange oder künstliche Nägel oder Nagellack zu tragen.
- Schwester Anna, du darfst bei uns im Pflegedienst keinen sichtbaren Schmuck und auch keine Uhr tragen.
- Im Dienst dürfen wir keine langärmlige Kleidung / keine Strickjacken tragen.
- Die Einhaltung der Hygienevorschriften wird vom Gesundheitsamt / der Heimaufsicht kontrolliert.

ein Sturzprotokoll verfassen

- Frau Emig ist gestürzt, wir müssen ein Sturzprotokoll anlegen.
- Frau Emig ist unsicher/desorientiert/dement/...
- Sie muss nachts oft aufstehen / unterschätzt die Wirkung der Medikamente / macht nachts kein Licht an / ...
- Frau Emig hat sich die Hand / den Oberschenkelhalsknochen / ... gebrochen.
- Sie hat den Notruf / die Notklingel noch erreicht.

- Anna, lass dir erklären, was du alles in ein Sturzprotoll eintragen musst.
- Nach dem Namen des Patienten/Bewohners muss das Datum und die Uhrzeit eingetragen werden.
- Dann folgen Informationen über die Situation, z.B. nachts beim Toilettengang / ...
- Waren andere Personen beteiligt oder gibt es Zeugen / hat den Sturz noch jemand gesehen?

- Wie war die Umgebung? War der Boden nass, das Bett nicht gesichert, ...?
- Wo ist der Sturz passiert? Auf der Toilette / im Bad / ...?
- Hat sich Frau Emig verletzt / etwas gebrochen / ...?
- Welche Maßnahmen hast du nach dem Sturz ergriffen?
- War Frau Emig sturzgefährdet / war sie vorher sicher / schon unsicher / ...?
- Muss Frau Emig in Zukunft besser fixiert werden? Braucht Sie ein Pflegebett / einen Rollator / eine Gehhilfe / ...?

ein Protokoll am Computer erstellen

- Emil, ich erkläre dir jetzt einmal das Formular / das Sturzprotokoll / ..., wie du es am PC/Computer eingeben musst.
- Da gibt es Pflichtfelder, die du immer ausfüllen musst, und halboffene und offene Einträge.
- Halboffene Einträge sind Einträge mit ein bis fünf Wörtern, z. B. „beim Toilettengang".
- Zu den Pflichtfeldern gehören Patientennamen, Datum, Uhrzeit usw.
- Bei manchen Fragen hast du eine Auswahl, da musst du nur etwas anklicken. Das sind die Checkboxen.
- Manchmal musst du etwas frei/zusätzlich eintragen wie z.B. den genauen Sturzhergang. Das ist dann ein Freitext.
- Wenn es Zeugen gibt, müssen die namentlich genannt werden.
- Natürlich muss auch der Patient / die Bewohnerin zu dem Vorgang befragt werden.
- Am Schluss müssen die Folgen und die eingeleiteten Maßnahmen beschrieben werden: Wie wurde der Patient gelagert/ verbunden/geröntgt/...
- Am Schluss des Formulars muss das Namenskürzel stehen. Das wird durch das/dein Passwort bestätigt/signiert/...
- Wenn du etwas / ein Pflichtfeld vergessen hast, erscheint ein rotes Warnfeld.
- Das musst du dann noch ausfüllen und mit OK bestätigen.
- Dann musst du das ganze Formular speichern und ausdrucken.

- Falls du etwas korrigieren willst, musst du den Text überschreiben / den Eintrag löschen.

Dokumentation in der ambulanten Pflege

- Die Patientendaten müssen täglich aktualisiert werden.
- Jede Medikamentengabe muss mit Menge und Dosierung eingetragen werden.
- Den Pflegebericht kann man auch in die Pflegezentrale senden.
- Die Zentrale hat alle Patientendaten als Datensatz gespeichert.
- Über die Zentrale können alle Daten auch abgerufen werden.

Bürokratie in der Pflege
Die meisten Pflegekräfte und Ärzte klagen darüber, dass heute bis zu 40% der Arbeitszeit für die Dokumentation aufgewendet werden muss. Diese Zeit fehlt dann für die Betreuung der Patienten oder Bewohner.
Auf der anderen Seite muss man sehen, dass alle Vorgänge in der Pflege oder Medizin auch rechtlich abgesichert werden müssen. Nur so ist klar, wer was wann und warum jemand etwas gemacht hat. Das kann dann auch später überprüft werden.
Besonders in der ambulanten Altenpflege, wo das Pflegepersonal nicht immer im direkten Kontakt zu den Kollegen der nächsten Schicht steht, ist die schriftliche Dokumentation wichtig. Sie müssen sich auf das verlassen können, was die Kollegen aufgeschrieben und dokumentiert haben.
In den modernen Krankenhäusern ist es heutzutage Standard, dass Informationen wie Patientendaten, Laborergebnisse, Wunddokumentation und Operationsberichte im Computer gespeichert werden, damit diese schnell allen Beteiligten zur Verfügung stehen.
In allen neueren Dokumentationssystemen werden heute nur mehr die Abweichungen und Besonderheiten dokumentiert und nicht mehr, was normal oder Standard ist. Aber natürlich soll darüber der Patient nicht aus dem Blick geraten. Also so viel Dokumentation wie nötig und Doppeldokumentationen vermeiden.

Notizen

13 Soziale und berufliche Kontakte am Arbeitsplatz

Kontakt aufnehmen und Small talk

- ■ Hallo Michael, wie geht's?
- ■ Anna, wie war dein Wochenende?
- ■ Freut mich, Sie/dich kennen zu lernen. Ich heiße Svetlana. Und Sie/du?
- ■ Ich bin zum ersten Mal in .../Deutschland und es gefällt mir sehr gut.
- ■ Kommst du aus der Gegend oder bist du auch neu in ...?
- ■ Heute ist aber sehr schönes Wetter!
- ■ Regnet es hier oft so stark?
- ■ Hast du gestern auch den Film / ... gesehen?
- ■ Wie gefällt es dir/Ihnen hier?
- □ Sehr gut / Gut / Vieles ist ganz neu/fremd/... .
- ■ Kommst du von der Stadt oder vom Land?

- ■ Sag mal, wie schmeckt dir denn das Essen hier?
- □ Sehr gut / Es geht / Mal so, mal so / …
- ■ Bist du allein(e) oder mit Familie hier?
- □ Ich bin noch nicht verheiratet, aber ich habe einen Freund/Partner/… / Ich bin verheiratet/Single/…

- ■ Was kann man hier am Abend / am Wochenende / in der Freizeit machen? Hast du einen Tipp?
- ■ Ich mache gern Yoga / spiele gern Fußball / … Kannst du mir einen Club/Verein/… empfehlen?
- ■ Gibt es hier etwas, was ich unbedingt sehen/machen sollte?
- ■ Wo kann man hier günstig/billig einkaufen?

über Erfahrungen und den Beruf sprechen

- ■ Hallo Paul, sag mal: Wie lange arbeitetest du schon hier?
- □ Schon drei Jahre / noch nicht so lange.
- ■ Was hast du für eine Ausbildung?
- □ Ich bin gelernter/ausgebildeter Krankheits- und Gesundheitspfleger/Rettungsassistent/… / Ich habe ein Studium absolviert.
- ■ Wie lange dauert die Ausbildung in Deutschland / in Österreich / in der Schweiz?
- □ In der Regel drei Jahre.
- ■ Bei uns in Portugal/… machen die Pflegekräfte ein vierjähriges Studium. Das ist zum Teil sehr theoretisch. Dafür dürfen sie dann aber in der Behandlungspflege mehr machen als hier.

- ■ Frau Dr. Gruber, darf ich fragen, wo und was Sie studiert haben?
- □ Ich habe in München Medizin studiert und jetzt mache ich meine Facharztausbildung als Chirurgin hier in …

- ■ Wie lange haben Sie / hast du schon Berufserfahrung?
- □ Nach der Ausbildung habe ich drei Jahre auf einer Station gearbeitet, dann habe ich eine Fortbildung zur OP-Schwester / … gemacht. Seither arbeite ich im OP.

- ■ Arbeitest du Vollzeit oder Teilzeit?
- □ Seit ich Kinder habe, arbeite ich Teilzeit bei einem ambulanten Pflegedienst. Immer nur vormittags oder manchmal am Wochenende, wenn mein Mann zu Hause ist.

Small Talk und Tabuthemen, öffentlich und privat
Beliebtestes Small Talk-Thema ist in D A CH das Wetter.
Die Fragen nach Beruf, Hobbies und Familienstand sind in D A CH erlaubt. Die Höhe des Einkommens ist in der Regel tabu, selbst unter Freunden. Gesprächsthemen, die etwas über den Status der Person verraten, sind z.B. die Wohnadresse, das Auto, auch die Schule oder Ausbildung der Kinder. Bei politischen Themen sollte man am Anfang vorsichtig sein.
Privat- und Berufsleben sind in D A CH relativ getrennt, vielleicht stärker als in anderen europäischen Ländern. Man unternimmt nicht so viel mit den Kollegen.
Aber man weiß heute auch, dass eine gute Arbeitsatmosphäre sehr wichtig ist. Viele Firmen, Kliniken usw. organisieren heute Events wie Partys, Sommerfeste, Weihnachtsfeiern, Betriebsausflüge oder die Teilnahme an Sportwettkämpfen wie z.B. einen Firmenlauf. Auch die Fortbildungen haben heute neben der fachlichen Seite oft eine große soziale Funktion. Gehen Sie hin und machen Sie mit!
Als gutes Team zu arbeiten macht Spaß und die Arbeit einfacher.

sich über Arbeitsverträge und andere Verträge informieren

■ Was hast du im Moment für einen Arbeitsvertrag?
□ Im Moment ist der Arbeitsvertrag auf ein Jahr befristet.
■ Welche Stelle hast du?
□ Derzeit bin ich als Pflegehelfer eingestellt. Wenn ich die Sprachprüfung bestanden habe, werde ich als Pflegefachkraft eingestuft.
■ Weißt du, was das netto ausmacht?
□ Ja, das ist eine Menge, so ungefähr ... Euro mehr pro Monat.
■ Was musst du für das Zimmer im Schwesternheim bezahlen?
□ Circa ... € inklusive Nebenkosten.
■ Braucht man in Deutschland noch andere Versicherungen?
□ Wenn du langfristig bleiben willst, ist vielleicht eine zusätzliche Altersversorgung interessant – und auch eine Privathaftpflicht.
■ Bei uns gibt es auch Prämien / einen Zuschuss / zusätzliche Sozialleistungen für ...

- ■ Gibt es ein verbilligtes Essen?
- □ Ja, es gibt Gutscheine/Essensmarken für die Kantine / den Kiosk / ...
- ■ Gibt es für die Mitarbeiter auch einen Fitnessraum / ...
- □ Ja/Nein/...
- ■ Gibt es Vergünstigungen für Mitarbeiter, z. B. beim Apotheken-einkauf?

über Fortbildung sprechen und an Fortbildungen teilnehmen

- ■ Am Samstag ist eine Fortbildung zum Thema ... Ist das eine Pflichtfortbildung oder ist die freiwillig?
- □ Die Fortbildung ist für alle Neuen obligatorisch/Pflicht.
- □ Die Fortbildung ist eigentlich freiwillig, aber es wird sehr gern gesehen, wenn man daran teilnimmt.
- ■ Mich würde die Fortbildung zum Thema ... interessieren, aber da habe ich Dienst. Kann ich dafür frei gestellt werden?
- □ Da musst du die Stationsleitung/Pflegedienstleitung fragen.
- ■ Ich habe eine sehr interessante Veranstaltung zum Thema ... gefunden. Die Fortbildung kostet aber ... Euro. Wird das übernommen? / Bezahlt das Klinikum die Fortbildung?
- □ Ich weiß nicht, aber du kannst bei ... nachfragen. / Ja, aber das musst du bei ... beantragen.
- ■ Ich habe einen sehr guten Deutschkurs gefunden, der ist aber regelmäßig am ... Kann ich dafür im Dienstplan frei bekommen / den Dienst tauschen?
- □ Das ist Verhandlungssache / das geht wahrscheinlich / nicht / ...
- ■ Hier in der Klinik / im Seniorenheim gibt es regelmäßig Fortbildungsangebote, manche sind obligatorisch, manche freiwillig. Wir müssen aber pro Jahr mindestens ... Fortbildungen besuchen.

nach Sozialleistungen, Freizeit und Urlaub fragen

- ■ Gibt es noch andere Sozialleistungen?
- □ Ja, das ist eine Privatklinik, wir haben die Möglichkeit, uns kostenlos behandeln zu lassen, auch unsere Angehörigen, und der Dienstplan ist gut. Wir bekommen auch einen Bonus und haben einen eigenen Kindergarten.
- ■ Wie sieht es bei euch mit den Arbeitsbedingungen aus?

- □ Die sind Standard, leider gibt es wenig Sozialleistungen, aber das Arbeitsklima ist gut und die Kollegen sind sehr nett.
- ■ Gibt es noch andere Vorteile?
- □ Ja, die Klinik / ... hilft bei allen Fragen, bei der Anmeldung, bei der Wohnungssuche usw.
- ■ Auf was soll ich noch achten, wenn ich über den Vertrag spreche?
- □ Ich würde über die Urlaubsregelung und die Anerkennung der Berufserfahrung sprechen. Vielleicht werden dir die fünf Jahre Erfahrung angerechnet, dann wirst du höher eingestuft.
- ■ Wie viele Tage Urlaub habe ich?
- □ Bei uns im Haus sind das 30 Tage.
- ■ Was ist mit den Überstunden?
- □ Die werden in der Regel mit Freizeit ausgeglichen/ausbezahlt/...
- ■ Wie viele Wochenenddienste gibt es pro Monat?
- □ Das hängt vom Dienstplan ab, aber in der Regel sind es zwei.

Orientierungshilfe in der neuen Stadt / im Land erfragen

- ■ Wo kann/muss ich mich anmelden?
- □ Das Rathaus/Bürgerhaus/Einwohnermeldeamt ist ...
- ■ Wo finde ich einen Kindergarten?
- □ In unserem Viertel gibt es mehrere. Die Adressen bekommst du im Bürgerhaus / im Internet / ...
- ■ Kennst du einen guten Zahnarzt/Kinderarzt/...
- □ Ja, da kann ich dir Doktor ... empfehlen. Er/Sie ist sehr nett.
- ■ Gibt es hier eine Kirche mit Gottesdienst in kroatischer/... Sprache?
- □ Ja, in der Stadt gibt es eine ... Gemeinde.
- ■ Gibt es in der Stadt auch ein Ausländeramt?
- □ Ja, wir haben eine Extraberatungsstelle für Ausländer in ...
- ■ Wo kann ich einen Deutschkurs finden?
- □ Bei uns in der VHS, das heißt Volkshochschule, aber es gibt auch mehrere private Schulen.
- ■ Wo ist denn abends oder am Wochenende (et)was los?
- □ In unserem Stadtmagazin findet man die besten Events und Adressen. Im Moment ist der ...-Club ganz „in“ (angesagt).
- ■ Gibt es hier auch Flohmärkte?

- □ Ja, jede Woche. Die Termine und Adressen findest du im Wochenblatt. Das kommt kostenlos in deinen Briefkasten.
- ■ Wo kann ich mein Auto / meinen Roller anmelden?
- □ Erst braucht man eine Versicherungskarte, dann muss man zur Zulassungsstelle / ins Rathaus / aufs Landratsamt /... gehen.
- ■ Gibt es hier einen Laden, in dem ich spanische/... Spezialitäten bekommen kann?

Kollegialität zeigen und einfordern

- ■ Hallo Anne, kannst du mir bitte helfen?
- ■ Tut mir leid, das habe ich nicht verstanden.
- ■ Kannst du das bitte noch einmal sagen/wiederholen / Kannst du bitte langsamer sprechen.
- ■ Ich kann dir jetzt gern bei ... helfen. Kannst du mir dann nachher bei ... helfen? Ich habe das noch nicht so oft gemacht.
- ■ Hast du mal einen Moment Zeit für mich? Kannst du mir das zeigen/erklären?
- ■ Ich würde gern / möchte wissen, wie das ...-Gerät funktioniert.
- ■ Können wir uns die neue Maschine / das neue Formular / das neue PC-Programm mal gemeinsam ansehen? Ich möchte es gleich richtig lernen.
- ■ Korrigiere mich bitte, wenn ich etwas falsch sage/ausspreche. Ich möchte ja gut Deutsch lernen.
- ■ Ich kenne das aus Russland /... anders. Kannst du mir bitte den Unterschied erklären?
- ■ Ich kann dir mal zeigen, wie wir das in Portugal gelernt haben. Da haben wir sehr gute Erfahrungen gemacht.
- ■ Entschuldigung, ich habe das anders gelernt, kannst du mir noch einmal zeigen, wie das hier gemacht wird? Danke!

- ■ *(Arzt)* Herr Kollege, bei allem Respekt, aber hier müssen wir das so machen/dokumentieren / die Patienten genau aufklären / ...
- ■ Frau Dr. Ratiskaya, ich möchte Sie darauf aufmerksam machen, dass ...
- ■ Unsere Oberärztin / Unser Chefarzt wünscht / ist es gewohnt, dass ...

- *(Junge Ärztin zu jungem Arzt)* Joachim, kannst du bitte mal meinen Aufnahmebericht/Entlassungsbrief/... durchlesen, ob das alles so stimmt, wie es hier in der Klinik üblich/Vorschrift ist? Danke!
- Wie kann ich das besser formulieren?
- Gibt es hier einen bestimmten Standard / Abkürzungen / vorgeschriebene Formulare/Textbausteine/Vorlagen /... ?

auf Beschwerden von Kollegen und anderen Abteilungen reagieren

- Entschuldigung, da ist mir wohl ein Fehler unterlaufen.
- Das tut mir leid. Ich schicke Ihnen die Laborwerte / die Ergebnisse der Untersuchung gleich mit der Hauspost.
- Ich bitte vielmals um Entschuldigung. Es wird nicht wieder vorkommen.
- Das war keine Absicht von mir. Entschuldigen Sie.
- Da habe ich wohl etwas falsch verstanden / etwas verwechselt / falsch eingetragen.
- Es tut mir wirklich leid, dass ich das Formular falsch ausgefüllt habe.
- Ich möchte mich bei Ihnen/dir entschuldigen, dass ich ...
- Entschuldigen Sie, aber ich glaube, der Fehler liegt bei Ihnen.
- Schwester Maria, wäre es möglich, dass Sie in Zukunft ...

- Herr Kollege, ich möchte Sie bitten, dass Sie mich beim nächsten Mal vorher über den Vorgang informieren.
- Entschuldigen Sie bitte, aber ich bin für ... nicht verantwortlich.
- Tut mir leid, aber das gehört nicht zu meinem Aufgabenbereich.

Berufliche Mobilität
Deutschland, Österreich und die Schweiz sind Einwanderungsländer. So sind z.B. 2014 mehr als eine Million Menschen nach Deutschland eingewandert, aber gleichzeitig haben mehr als 750 000 Menschen Deutschland verlassen. Darunter waren auch rund 150 000 Deutsche, die sich aus beruflichen Gründen im Ausland einen Job gesucht haben. Ähnlich sieht es in Österreich und der Schweiz aus. Und rund 20 Prozent der Bevölkerung haben einen Migrationshintergrund, das heißt, mindestens ein Elternteil ist nicht in Deutschland bzw. der Schweiz oder Öster-

reich geboren. Sehr wichtig ist auch zu wissen, dass die deutschsprachigen Länder auf die internationale Zusammenarbeit angewiesen sind. Alle drei sind Exportnationen und es gibt in allen drei Ländern durch den demographischen Wandel zu wenige einheimische Fachkräfte. Das heißt, die deutschsprachigen Länder sind auf die internationale Zusammenarbeit und internationale Fachkräfte angewiesen.
Natürlich muss man je nach Beruf mehr oder weniger gut Deutsch sprechen. Pflegekräfte und Ärzte, die sehr eng und mit hoher Verantwortung mit Patienten zu tun haben, müssen sehr gut Deutsch sprechen, verstehen und auch schreiben können. Und die deutschsprachigen Kollegen sollten bei der Integration und der sprachlichen Entwicklung helfen.
Haben Sie keine Angst, diese Hilfe auch einzufordern. Sie nutzt allen.

Redensarten

- Wir ziehen alle an einem Strang/Strick.
- Wir sitzen alle in einem Boot.
- Einer für alle, alle für einen.
- Es ist noch kein Meister vom Himmel gefallen.
- Aller Anfang ist schwer.

Diese und andere Redensarten, die es wahrscheinlich ähnlich in allen Kulturen gibt, sollen zeigen, dass man gemeinsam mehr erreichen kann und der Anfang nicht immer einfach ist.
Welche Redensarten gibt es bei Ihnen zu Hause? Welche würden Sie gerne Ihren Kollegen erklären und übersetzen?

Notizen

14 Interkulturelle Kompetenz

Da sehe ich ja lauter Schmetterlinge im Bauch.

über Erfahrungen im neuen Land und am neuen Arbeitsplatz sprechen

- Ich finde ...
- Mir ist aufgefallen, dass ...
- Ich habe bemerkt/beobachtet, dass ...
- Ich habe den Eindruck, dass man hier ...
- Ich habe die Erfahrung/Beobachtung gemacht, dass man in D A CH ...
- Man kann aber nicht sagen, dass alle Österreicher/Deutschen/ Schweizer ...
- Entschuldigung, ich bin nicht so genau informiert, wie ist das in D A CH?
- Gibt es große Unterschiede zwischen dem Norden und dem Süden/ ... in Ihrem Land?
- Also, an das Essen / das Wetter / ... muss man sich erst gewöhnen.
- Am schwersten ist für mich ..., da muss ich mich sehr umgewöhnen.
- Die Umstellung ist für mich ganz leicht, weil es in ... sehr ähnlich ist / bei uns fast gleich ist.

- Ich denke oft an zu Hause / meine Heimat, weil ich das Essen / die Familie /... vermisse. Dann habe ich etwas Heimweh / Dann bin ich ein bisschen traurig.
- Ich bin eigentlich nicht so empfindlich/kleinlich, aber manchmal finde ich, es gibt zu viel Bürokratie.
- Auf die Situation bin ich ganz gut vorbereitet.

sprachliche Probleme ansprechen

- Entschuldigung, das habe ich nicht genau verstanden.
- Was verstehen Sie / verstehst du unter ...?
- Was meinen Sie / meinst du mit ...?
- Wie sagt man das auf Deutsch?
- Ist es richtig, dass ... so viel wie ... bedeutet?
- Ist es in etwa das Gleiche wie ... / in meiner Sprache / in meinem Land?
- Haben Sie für Brötchen/Semmel/Schrippe in Österreich ein anderes Wort?
- Kann es sein, dass man im Norden ... und im Süden ... sagt?
- Das Wort ... ist heute etwas veraltet, heute sagen wir ... .
- ... ist der Fachbegriff, aber bei uns in der Klinik sagen alle ... .
- In diesem Zusammenhang passt ... besser.

Probleme im Team ansprechen

- Entschuldigung, aber ich habe das nicht verstanden / ich habe da ein Problem.
- Hast/Hättest du mal einen Moment Zeit für mich, ich würde gern über ... reden.
- Ich habe den Eindruck / das Gefühl, dass wir einmal über ... reden sollten.
- Mir kommt es manchmal/oft/öfter so vor, dass ...
- Wenn wir miteinander arbeiten/sprechen, bin ich manchmal überrascht/verunsichert/irritiert/verärgert, weil ...
- Ich weiß, dass ich noch nicht so gut Deutsch spreche, du kannst mich gern korrigieren, wenn ich etwas Falsches sage.
- Ist es richtig, dass man in D A CH / bei Ihnen/euch ...?

- Die Deutschen/… haben wohl manchmal die Gewohnheit, ihre Position / … sehr direkt zu formulieren. Das klingt für uns … manchmal etwas arrogant/störend/unfreundlich.
- Entschuldigung, vielleicht war es nicht so gemeint, aber das hat mich sehr getroffen/verletzt/gestört.
- Ich weiß nicht genau, wie es hier abläuft, aber wenn man Probleme im Team hat, soll man das besser offen/sofort ansprechen. Oder nicht?
- Wenn man etwas kritisieren möchte, würde man das in meinem Heimatland sofort / nicht sofort / direkt / nicht so direkt/offen ansprechen.
- Maria, du bist meine beste Kollegin hier. Was meinst du, soll ich das direkt mit … klären oder erst die Stationsleitung fragen?
- Ich verstehe deine/die Meinung / die Kritik gut, aber …
- Ich bin ein bisschen enttäuscht davon, dass …
- Ich kenne das zwar auch, aber da bin ich anderer Meinung.
- Du hast / Sie haben da völlig recht, aber …

interkulturelle Probleme und Missverständnisse mit Patienten und Angehörigen ansprechen

- Entschuldigen Sie bitte, wenn ich das anspreche, aber …
- Verzeihung, wenn ich etwas falsch gesagt/ausgedrückt habe, aber mein Deutsch ist noch nicht so gut.
- Ich wollte Sie auf keinen Fall verärgern/verletzten/beleidigen, aber …
- Bitte nehmen Sie es mir nicht übel, aber ich möchte hier sagen, dass …
- Entschuldigen Sie bitte, in meinem Heimatland war ich das so gewohnt / habe ich das so gelernt.
- Ich fürchte, ich habe Sie nicht richtig verstanden, können Sie das bitte noch einmal sagen/wiederholen.
- Viele Probleme lassen sich schnell/besser lösen, wenn …
- Wenn man offen und ehrlich ist, dann …
- Ich verstehe Ihre Kritik/Sorge/Meinung, aber hier im Seniorenheim müssen wir auf gewisse Regeln achten.

- Bitte respektieren Sie, dass die anderen Patienten/Bewohner/... das so nicht wollen.
- Kann ich Ihnen das näher erklären, ich bin das so gewohnt / nicht gewohnt, dass ...
- Entschuldigung, aber ich glaube, es handelt sich hier um ein Missverständnis.
- Es tut mir leid, wenn ... Aber können wir bitte sachlich bleiben.
- Es verärgert Patienten/Bewohner, wenn/dass ...
- Ich verstehe, wenn Sie sich Sorgen um Ihre Mutter machen, Sie können uns alles fragen, was Sie möchten.
- Es tut mir leid, wenn ich Sie jetzt unterbrechen muss, aber ich muss noch die anderen Patienten versorgen.
- Ich glaube, Sie vergessen da etwas. Bitte denken Sie auch an ...

über Tabus sprechen, Tabuwörter klären

- Entschuldigung, aber das Wort /... ist sehr umgangssprachlich, bei uns / hier sagt man besser ...
- Statt ... würde/sollte man besser ... sagen.
- Um das auszudrücken, sagt man besser ...
- Den Ausdruck kann man vielleicht im Freundeskreis benutzen, hier sagt man besser ...
- Entschuldigung, ich weiß nicht, wie ich das gegenüber der Patientin sagen soll.
- Was rätst du / raten Sie mir, was soll ich machen/sagen, wenn ...
- Es ist mir ein bisschen / sehr unangenehm, aber ich muss das Thema ... ansprechen.
- In meiner Heimat/Kultur ist das ... ein großes Tabu, wie ist das hier?
- Es tut mir leid, aber ich muss jetzt ein sehr ernstes Thema ansprechen.
- Dieses Thema ist in meiner Heimat / in Deutschland tabu, d.h. man spricht es besser nicht an.
- Über solche Themen sprechen wir eigentlich nur mit guten Freunden / ... .

Tabu

Wie in allen Kulturen gibt es in D A CH verschiedene Tabus, die sich auf die verbale und die nonverbale Kommunikation beziehen.

Wenn man sich noch nicht so gut kennt, ist es nicht üblich, dass man gleich nach dem Familienstand oder nach dem Einkommen fragt.

Bei der nonverbalen Kommunikation ist es z.B. unhöflich, beim Essen zu schmatzen, auf den Boden zu spucken oder direkt mit dem Finger auf jemanden zu zeigen.

In den Pflegeberufen ist es normal, dass man die Patienten und Bewohner körperlich berührt. Im privaten Umgang muss man hier vorsichtiger sein. Einfach den Arm um jemanden legen oder jemanden berühren ist erst möglich, wenn man sich besser kennt. Beobachten Sie, wie sich Ihre Kollegen verhalten, dann können Sie besser einschätzen, was üblich ist. Vielleicht haben Sie bei der Einarbeitung einen Mentor oder eine Mentorin, dann können Sie diese Themen besprechen.

einen Kompromiss finden, Konsens herstellen

- Ich stimme dir/Ihnen zu.
- Ich bin auch der Meinung / ich bin ganz deiner/Ihrer Meinung.
- Das ist sicher richtig, aber man muss auch bedenken, dass ...
- Ich kann dich/Sie verstehen, aber ich bezweifle, dass ...
- Ich bin mir nicht sicher, aber ich will dir hier glauben/folgen.
- Ja, das stimmt.
- Okay, können wir hier einen Kompromiss machen/finden?
- Können wir das in Zukunft so machen?
- Ich glaube, wir haben uns verstanden.
- Das freut mich, dass/wenn wir das Missverständnis jetzt geklärt haben.

Kritik ansprechen und kritisch angesprochen werden
In den deutschsprachigen Ländern, besonders in Deutschland wird Kritik relativ schnell und direkt angesprochen. Das sind Sie vielleicht aus Ihrer Heimat nicht so gewohnt und fühlen sich dann angegriffen und verletzt.
Es kann aber auch ein Vorteil sein, wenn Probleme und Missverständnisse schnell geklärt werden können. Dann funktioniert die Zusammenarbeit im Team gut und alle sind zufriedener.
Besprechen Sie Probleme am besten zuerst mit einem guten Kollegen, bevor Sie zur Stations-/Wohnbereichsleitung oder zum Chefarzt gehen. Oft sind es nur kleine Missverständnisse, vielleicht auch sprachliche, aber keine echten persönlichen Probleme.
Natürlich wird man nicht zu allen Kollegen, Patienten und Bewohnern immer ein sehr gutes Verhältnis haben können. Aber es ist besser, ein Problem anzusprechen, als es zu lange mit sich herumzutragen. Gerade wenn man im Ausland arbeitet, ist man sich nicht immer ganz sicher, man versteht vielleicht nicht immer alles, man kennt Dinge anders von zu Hause. Aber so geht es ja auch Ihren deutschsprachigen Kollegen, sie müssen auch dazulernen. Gute Zusammenarbeit ist gerade in multinationalen Teams sehr wichtig.

Redensarten, die man in schwierigen Situationen gebraucht

„Nicht (mehr) wissen, wo einem der Kopf steht" bedeutet, dass man durch Arbeit, Sorgen oder Ähnliches überlastet ist.
Mit „keinen guten Faden an jemandem/etwas lassen" oder „kein gutes Haar an jemandem/etwas lassen", drückt man aus, dass man an jemandem/etwas alles schlecht macht.
Sicher hören Sie in Ihrem Berufsalltag in Konfliktsituationen die eine oder andere Redensart. Fragen Sie nach der Bedeutung, wenn Sie sich nicht sicher sind.

Alphabetisches Verzeichnis

A

Abfall, mit Abfällen umgehen und Abfälle entsorgen

- Die schmutzige Wäsche kommt in den Schmutzwäschesack und dann in die Wäscherei.
- Die kontaminierten Abfälle wie Wundverbände müssen separat entsorgt werden.
- Für alle infektiösen Abfälle gelten gesonderte Vorschriften.
- Die Kanülen und Einmalspritzen kommen in die gelben Kanülenabwurfbehälter.
- Der normale Müll wird vom Reinigungspersonal mitgenommen.
- Für gebrauchtes Geschirr und Gläser gibt es einen Geschirrwagen.
- Leere Flaschen sollen zurück an den Kiosk / in die Cafeteria.

Abkürzungen verwenden

- BZ mg/dl — Blutzucker (Milligramm pro Deziliter)
- CT — Computertomographie
- EEG — Elektroenzephalographie
- i. V. — intravenös
- o.B. — ohne Befund
- OP — Operation
- P — Puls
- RR — Blutdruck (Riva Rocci)
- T — Temperatur (Grad Celsius)
- V.a. — Verdacht auf
- VW — Verbandswechsel
- MRT — Magnetresonanztomographie
- ZVK — Zentraler Venenkatheter

- Wenn jemand einen Verbandswechseln benötigt, sagen wir hier oft nur VW.
- □ Ich habe verstanden. V(au) W(e)) steht für Verbandswechsel.
- Wenn ich in den Formularen Abkürzungen nicht verstehe, wen kann ich fragen oder wo stehen die?
- □ Fragen Sie mich. Eine Übersicht steht auch in dem Einarbeitungsmanual / …

AEDLs (Aktivitäten und Erfahrungen des täglichen Lebens) erfragen

(1) Kommunizieren

- Brauchen Sie eine Brille (zum Lesen)?
- Haben Sie ein Hörgerät?
- Können Sie mich gut verstehen?
- Hören/Sehen Sie gut?

(2) Sich bewegen

- Brauchen Sie eine Gehhilfe? Können Sie Treppen steigen?
- Benötigen Sie Hilfe beim Aufstehen/Gehen/Sitzen?
- Fühlen Sie sich sicher beim Gehen/Laufen/Aufstehen?

(3) Vitale Funktionen des Lebens aufrechterhalten

- Nehmen Sie Medikamente für Ihren Blutdruck?
- Haben Sie Probleme mit Ihrem Blutdruck / bei der Atmung?
- Schwitzen oder frieren Sie schnell?

(4) Sich pflegen

- Können Sie sich selbst waschen (auch im Intimbereich)?
- Brauchen Sie Unterstützung bei der Körperpflege/Intimpflege?
- Benötigen Sie Hilfe beim Duschen/Baden?
- Haben Sie Probleme mit der Haut?
- Gibt es Pflegemittel/Cremes, die Sie nicht vertragen?

(5) Essen und Trinken

- Brauchen Sie eine bestimmte Diät / passierte/pürierte Kost?
- Welche Essgewohnheiten haben Sie?
- Wie ist Ihr Appetit?
- Wie viel trinken Sie am Tag? (Alkohol, am Tag / in der Woche)
- Was mögen Sie (nicht) essen? Was vertragen Sie (nicht)?
- Haben Sie Kau- oder Schluckbeschwerden?
- Brauchen Sie Unterstützung beim Essen oder Trinken?

(6) Ausscheiden

- Haben Sie Probleme mit dem Stuhlgang/Wasserlassen?
- Wie häufig gehen Sie zur Toilette / zum Wasserlassen/Stuhlgang?
- Nehmen Sie Abführmittel?
- Haben Sie regelmäßig Stuhlgang?

(7) Sich kleiden

- Können Sie sich allein an- und auskleiden?
- Brauchen Sie Hilfe beim An- und Ausziehen?

(8) Ruhen und schlafen

- Haben Sie bestimmte Schlafgewohnheiten?
- Leiden Sie an Schlafstörungen? (Einschlaf-/Durchschlafstörungen)
- Nehmen Sie Schlafmittel ein?
- Wie oft gehen Sie nachts zur Toilette?

(9) Sich beschäftigen

- Haben Sie bestimmte Interessen/Hobbys?
- Gibt es bestimmte Dinge, die Sie gern tun?

(10) Sich als Mann oder Frau fühlen und verhalten

- Haben Sie bestimmte Gewohnheiten oder Wünsche in Bezug auf Kleidung, Kosmetika oder Schmuck?

(11) Für eine sichere Umgebung sorgen

- Wo soll ich Ihren Gehstock/Rollator hinstellen?
- Wohin soll ich Ihre Brille / Ihr Hörgerät / Ihre Zahnprothese legen?

(12) Soziale Bereiche des Lebens sichern

- Welche Kontakte oder Besuchsgewohnheiten haben Sie?
- Bekommen Sie regelmäßig Besuch von Freunden oder Verwandten?

(13) Mit existenziellen Erfahrungen des Lebens umgehen

- Gibt es Dinge, die Ihnen besondere Angst/Freude bereiten?
- Gibt es Ereignisse, die Sie traurig machen / Ihnen Freude machen?

Angehörige über stationäre Aufnahme informieren

- Herr Wolf (jun.), Ihr Vater ist bei uns im Seniorenheim/Krankenhaus. Können Sie bitte vorbeikommen / ihm etwas … bringen.
- Über die Diagnose/Therapie müssen Sie bitte mit dem behandelnden Arzt sprechen.
- Die OP ist gut verlaufen, ihre Frau liegt noch im Aufwachraum. Sie kommt erst am Nachmittag auf Station.
- Rufen Sie bitte später / in zwei Stunden / … noch einmal an.
- Ich informiere den diensthabenden Arzt, dass Sie mit ihm sprechen möchten.
- Ihr Vater liegt auf Zimmer 6. Es geht ihm den Umständen entsprechend gut. Mehr / Die Diagnose darf ich Ihnen leider nicht sagen. Alles Weitere müssen Sie mit dem Arzt besprechen.

- Sie können/dürfen jetzt Ihre Mutter / den Patienten / ... besuchen.
- Ihre Frau ist sehr erschöpft. Es ist vielleicht besser, wenn Sie jetzt gehen und morgen wieder kommen.
- Ihr Sohn ist wieder ansprechbar / noch nicht ansprechbar.
- Gehen Sie ruhig zu Ihrer Tochter, sie wird sich über den Besuch freuen.

Angehörige über den Gesundheitszustand informieren

- Ihrer Mutter / Ihrem Vater / ... geht es gut / leider nicht so gut.
- Ihrem Vater geht es schlechter. Bitte kommen Sie.
- Der Zustand Ihrer Tochter ist leider kritisch.
- Machen Sie sich keine / nicht zu viel Sorgen.
- Ihre Frau ist nach der Operation noch sehr schwach, sie braucht Ruhe. Sie können sie aber kurz sehen / zu ihr gehen.
- Ihr Sohn hat sich gut erholt, er ist schon ganz munter.
- Sie sollten nicht so schwarzsehen, Ihre Tochter muss sich jetzt erholen und dann vielleicht eine Anschlussheilbehandlung (AHB) machen.

Angehörige über Kost informieren

- Frau Mayer, Sie wissen, dass Ihre Mutter Diabetes hat. Sie sollte in Zukunft Kohlehydrate, also Brot und Kuchen/Zucker/... meiden.
- Frau Michel, Ihre Mutter ist ja bei uns wegen Ihrer Arthrose in Behandlung. Sie hat auch noch Übergewicht, das belastet die Gelenke sehr. Können Sie bitte darauf achten, dass Ihre Mutter kalorienarme Kost zu sich nimmt, also weniger Fette, mehr Obst, Gemüse und Fisch.
- Frau Müller, Ihr Mann sollte nach der Magen-OP die nächsten Wochen nur leichte Kost bekommen. Wir können gern einen Termin bei der Ernährungsberatung für Sie vereinbaren.
- Ihr Tochter ist stark untergewichtig und hat kaum Appetit. Ergänzen Sie bitte die tägliche Nahrung mit einem Liter hochkalorischem Energiedrink. Das Rezept dafür bekommen Sie vom Hausarzt.

- Ihr Vater trinkt zu wenig. Das ist nicht gut für seinen Kreislauf. Bitte sorgen Sie dafür, dass er mindestens 1,5 Liter Flüssigkeit zu sich nimmt.
- Es wäre gut für die Gesundheit Ihrer Mutter, wenn …

Angehörige/Patienten allgemein über den OP-Verlauf informieren

- Die OP ist ohne Komplikationen verlaufen.
- Ihre Mutter hat die OP gut überstanden.
- Ihr Vater liegt noch im Aufwachraum. Es geht ihm soweit gut.
- Wir haben Sie / Ihren Mann drei Stunden operiert.
- Sie haben während der OP leider viel Blut verloren, deshalb mussten wir Ihnen eine Bluttransfusion geben.

Angst nehmen und trösten

- Machen Sie sich keine Sorgen!
- Ich kann das erklären: …
- Ich muss noch einmal Blut abnehmen, erschrecken Sie nicht, es pikt/pikst ein bisschen! (piken/piksen, ugs. = stechen)
- Keine Angst, es tut nicht sehr weh.
- Sie wissen, jede Operation/Narkose ist ein kleines Risiko, aber das ist hier sehr gering.
- Sie müssen sich wirklich keine Sorgen/Gedanken machen. Sie sind hier in guten Händen.
- Wir haben uns die weitere Therapie genau überlegt.
- Wir haben mit dieser Behandlung sehr gute Erfahrungen gemacht.
- Die Testergebnisse sind leider nicht gut ausgefallen, aber wenn wir sofort mit der Therapie beginnen, haben Sie eine gute Heilungschance.

Anordnungen, Pflegemaßnahmen, Pflegeberichte

- Die Bedarfsmedikation/Dauermedikation trägt der Arzt mit Datum in die Kurve ein und zeichnet sie ab.
- Ärztliche Anordnungen, die du durchgeführt hast, werden von dir mit Handzeichen (Hdz.) als erledigt gekennzeichnet.

- Eine telefonische Anordnung vom Arzt musst du in den Pflegebericht eintragen. Der Arzt muss die Anordnung jedoch schriftlich nachtragen und unterschreiben.
- Pflegerische Maßnahmen wie Verbandswechsel, Thromboseprophylaxe, ... müssen vom Arzt angeordnet und von der durchführenden Pflegekraft auf dem entsprechenden Kurvenblatt/ Protokoll abgezeichnet werden.
- Die Wirkungen pflegerischer Maßnahmen, z. B. Kontrakturen-Prophylaxe/Lagerung, werden in den Pflegebericht geschrieben.
- Körperliche, geistige und seelische Beobachtungen am Patienten wie z.B. Pat. hat sich heute alleine gewaschen / wirkt sehr schläfrig / klagt wieder über / ... schreibst du in den Pflegebericht.
- Laborwerte/Laborbefunde klebst/schreibst du in das entsprechende Aktenblatt.

Anordnung von Medikamenten: Dosierung, Darreichungsform

- Herr/Frau Neu bekommt ab sofort ...
- 3-mal täglich Acetylsalicylsäure 100 per os.
  - 50 mg L-Thyroxin am Morgen / morgens
  - Adalat® 5 Kapseln sublingual bei Bedarf
  - Canifug® Vaginalzäpfchen am Abend
  - morgens und abends 20 Tropfen Novalgin®
  - 10 mg Adumbran® zur Nacht oral
  - 2 Hub/Hübe Nitrolingual bei Bedarf
  - 3 x täglich 5 Tropfen Otalgan® ins rechte Ohr
  - morgens und zur Nacht Nasivin® Nasentropfen
  - vor der OP ein Klistier
  - morgens und abends 1 cm Bepanthen-Augensalbe® ins rechte Auge
  - 4 x täglich 10 IE (internationale Einheiten) Penicillin intravenös/ intramuskulär
  - 1 x täglich Clexane 40® subcutan
- Wenn Frau Meier schmerzfrei ist, können wir das Schmerzmittel absetzen.
- Sobald Frau Müller fieberfrei ist, reduzieren wir die Antibiose auf ... mg.

- Bei Herrn Schmidt stellen wir die Medikation / die Dosierung auf ... um.
- Herr Fröhlich bekommt ab heute nur noch einmal täglich ...
- Geben Sie der Patientin zunächst 5 mg Adalat® sublingual und kontrollieren Sie noch mal den Blutdruck.
- Sollte die Patientin heute Nacht Schmerzen bekommen, geben Sie Ihr bitte 20 Tropfen Tramal®.
- Bei hohem Fieber / Temperatur über 39^5 erhält Herr Alt zusätzlich 500 mg Paracetamol® supp.

Anweisungen zur Kurvendokumentation

- Entschuldigung, wo trage ich die Messwerte ein?
- Blutdruck, Puls und Temperatur werden in das Stammblatt der Patientenakte / der Patientenkurve eingetragen.
- Der Puls wird mit einem roten Kreuz dokumentiert/eingetragen.
- Die Temperatur trägst du mit einem blauen Stift als Punkt ein. Wenn du rektal gemessen hast, musst du um den Punkt einen Kreis machen.
- Den Blutdruck musst du mit einem blauen Stift entweder als Zahl (120/80) in der Spalte RR oder graphisch mit einem blauen Stift eintragen.
- Die Blutzuckerwerte kannst du hier unten im Feld BZ mg/dl (Milligramm pro Deziliter) eintragen.
- In der Zeile Stuhl musst du eintragen, ob der Patient Stuhlgang hatte oder nicht. Für Stuhlgang einen Schrägstrich (/), für keinen Stuhlgang einen Kreis mit Schrägstrich (Ø).
- Den ZVD schreibst du in der Spalte ZVD mit der Maßeinheit Zentimeter H_2O (z. B. 8 cm H_2O).
- Wenn im Patientenzimmer ein Überwachungsprotokoll liegt, trägst du dort die Werte ein.

Anweisungen und Aufforderungen zur Mobilisation

- Frau Richter, wir helfen Ihnen jetzt aufzustehen / beim Aufstehen und gehen ein paar Schritte, damit Sie wieder etwas mobil werden.
- Herr Meyer, wir gehen jetzt jeden Tag etwas spazieren, damit Sie Ihr Knie wieder belasten lernen.

- Herr Frei, um 11 Uhr kommt die Physiotherapeutin zu Ihnen und macht die ersten Übungen mit Ihnen.
- Bitte nehmen/benutzen Sie am Anfang einen Rollator / die Krücken / einen Gehwagen, bis Sie wieder sicher gehen können.
- Brauchen Sie Hilfe oder wollen Sie es allein(e) versuchen?
- Frau Uhlig, wir helfen Ihnen jetzt beim Aufstehen. Zuerst setzen wir Sie an die Bettkante. Geht es Ihnen gut? Ist Ihnen schwindlig?
- Wir gehen jetzt ganz langsam ein paar Schritte. Sehen Sie dabei bitte nicht auf den Boden, damit Ihnen nicht schwindlig wird.

Anweisungen und Fragen: Untersuchung

- Ich möchte Sie jetzt untersuchen.
- Ich würde Sie jetzt gern körperlich untersuchen.
- Wir untersuchen zuerst Ihren Bauch / Ihr Bein / ...
- Würden Sie sich bitte bis auf die Unterwäsche ausziehen.
- Machen Sie sich bitte unten herum frei.
- Könnten Sie bitte den Oberkörper frei machen.
- Würden Sie sich bitte auf die Untersuchungsliege legen.
- Legen Sie sich bitte auf den Bauch.
- Drehen Sie sich bitte auf die rechte/linke Seite.
- Heben/Senken Sie bitte das Bein / den Fuß / den Arm.
- Würden Sie jetzt bitte das Bein / den Arm beugen und dann strecken.
- Winkeln Sie bitte das Knie / den Arm an.
- Spreizen Sie bitte Ihre Finger/Zehen.
- Drücken Sie bitte mit Ihrem linken Fuß gegen meine Hand.
- Öffnen Sie bitte den Mund.
- Strecken Sie bitte die Zunge heraus und sagen „Ah“.
- Folgen Sie bitte meinem Finger mit Ihren Augen.
- Atmen Sie bitte tief ein und aus.
- Atmen Sie bitte durch den Mund ein und durch die Nase aus.
- Ich werde jetzt Ihr Herz mit dem Stethoskop abhören.
- Als nächstes werde ich Ihren Bauch abtasten.
- Nun werde ich Ihren Rücken abklopfen.
- Ich muss Sie noch rektal/gynäkologisch untersuchen.
- Ich möchte bei Ihnen Blutdruck messen. Krempeln Sie dazu bitte Ihren Ärmel hoch und halten Sie den Arm leicht gebeugt.

- Ich werde jetzt Ihren Puls am Handgelenk / an der Halsschlagader fühlen.
- Es tut mir leid, aber das wird jetzt ein bisschen unangenehm sein / weh tun.
- Sagen Sie mir bitte, wenn es schmerzt / weh tut.
- Sie können Sich jetzt wieder anziehen/ankleiden.
- Ziehen Sie sich bitte wieder an und warten Sie kurz draußen / kommen Sie dann in das Sprechzimmer nebenan.

Anwendungsgebiete von Medikamenten und Hilfen erklären

- Diese Tablette ist gegen den Juckreiz / gegen Kopfschmerzen / …
- Von dem Hustensaft soll Ihre Tochter / … dreimal täglich einen Esslöffel nehmen, damit der Hustenreiz zurückgeht.
- Die Lutschbonbons gegen Halsschmerzen können Sie so lange nehmen, wie sie wollen.
- Ein gutes Hausmittel bei Erkältung ist, einfach viel trinken, am besten Tee oder warmes Wasser.
- Bei hohem Fieber können Sie auch eine kalte Kompresse auf die Stirn legen.
- Sie bekommen jetzt eine Spritze gegen die starken Schmerzen.
- Frau Möller, wir hängen Sie jetzt an den Tropf (*ugs.* für Infusion), damit wir Ihren Elektrolythaushalt wieder in Ordnung bringen.
- Bitte reiben Sie Ihre Beine regelmäßig mit der Venensalbe ein, damit die Schwellung nach der Operation zurückgeht.
- Solange Sie noch akute Schmerzen haben, bekommen Sie von uns dreimal täglich eine Tablette, später können wir die Menge auf einmal täglich reduzieren.

Arbeitsanweisungen auf Station verstehen und weitergeben

- Wer kümmert sich um den Neuzugang Herrn Nolte?
- Maria, du bist die verantwortliche Pflegefachkraft für Herrn Nolte, also seine Bezugspflegefachkraft.

- Heute werden Frau Müller und Herr Maier entlassen. Wer kümmert sich um die Entlassung?
- □ Das kann ich machen.

- ■ Maria, bitte mach du heute mal die Neuaufnahme.
- ■ Bei Herrn Frei auf Zimmer 6 müsste der Verband gewechselt werden. Kannst du das machen, Elena?
- □ Ja, (das) übernehme ich, wenn ich mit dem Messen fertig bin.

- ■ Können wir mal kurz über die Aufgaben sprechen / darüber reden, was noch zu tun ist.
- ■ Herr Kurz müsste zum Röntgen gebracht werden. Das könnte doch der Praktikant machen.
- □ Okay, ich sage es ihm.

Arbeitsverträge und andere Bedingungen

- ■ Was hast du im Moment für einen Arbeitsvertrag?
- o Im Moment ist der Arbeitsvertrag auf ein Jahr befristet.
- ■ Welche Stelle hast du?
- □ Derzeit bin ich als Pflegehelfer eingestellt. Wenn ich die Sprachprüfung bestanden habe, werde ich als Pflegefachkraft eingestuft.
- ■ Weißt du, was das netto ausmacht?
- □ Ja, das ist eine Menge, so ungefähr ... Euro mehr pro Monat.
- ■ Was musst du für das Zimmer im Schwesternheim bezahlen?
- □ Circa 400 € inklusive Nebenkosten.
- ■ Braucht man in Deutschland noch andere Versicherungen?
- □ Wenn du langfristig bleiben willst, ist vielleicht eine zusätzliche Altersversorgung interessant – und auch eine Privathaftpflicht.
- ■ Bei uns gibt es auch Prämien / einen Zuschuss / zusätzliche Sozialleistungen für ...
- ■ Gibt es ein verbilligtes Essen?
- □ Ja, es gibt Gutscheine/Essensmarken für die Kantine / den Kiosk / ...
- ■ Gibt es für die Mitarbeiter auch einen Fitnessraum / ...?
- ■ Gibt es Vergünstigungen für Mitarbeiter z. B. beim Apothekeneinkauf, kann man da günstig Medikamente kaufen?

ärztliche Anordnungen an das Pflegepersonal

- ■ Geben Sie Frau M. bei Bedarf gegen ihre Kopfschmerzen 500 mg Paracetamol oral (p. o.).

- Herr M. erhält 1 x tgl. eine Antithrombosespritze subcutan (s. c.) und Antithrombosestrümpfe.
- Herr R. bekommt gegen seine Schmerzen 500 ml NaCl (Natriumchlorid) mit ... mg Tramal® i. v. (intravenös).
- Machen Sie morgen bei Frau A. ein Blutzuckertagesprofil und messen Sie 3 x tgl. den Blutdruck.
- Herr M. bekommt täglich Verbandswechsel.
- Bitte bei Herrn Yilmaz am 12. postoperativen Tag die Klammern/Fäden entfernen.
- Ziehen Sie heute bei Frau Kern die linke Drainage.
- Frau Lex darf ab morgen mobilisiert werden / Krankengymnastik bekommen, ihr Bein aber noch nicht belasten.
- Herr Ober hat drei Tage strenge Bettruhe und muss flach liegen.
- Herr Ober soll täglich Atemgymnastik machen und inhalieren.
- Frau Hauser muss ab heute Abend für die Gastroskopie nüchtern bleiben.
- Bei Herrn Neu muss morgen der Dauerkatheter gewechselt werden / kann der Dauerkatheter (nach vorherigem Abklemmen) gezogen werden.
- Herr Thoma soll einen Termin bei der Sozial-/Ernährungsberatung machen.
- Frau Schwedt ist übergewichtig, sie bekommt ab sofort Reduktionskost.
- Jasmin ist stark untergewichtig, sie bekommt Aufbaukost.
- Herr Oppel ist dehydriert, er muss mindestens 1,5 Liter am Tag trinken.
- Frau Müller leidet an Inkontinenz, Sie bekommt ab sofort Inkontinenzvorlagen.
- Herr Unger ist sturzgefährdet, Sie müssen für ihn einen Rollator bei der Krankenkasse beantragen.
- Zur Abklärung des Befundes machen wir noch weitere Untersuchungen / ein EKG / eine Sonographie / ein MRT ...

ärztliche Anordnungen: Messen und Dokumentieren

- Bitte messen Sie einmal täglich/wöchentlich den Blutdruck (RR) und Puls / den Nüchternblutzucker / postprandialen Blutzucker (BZ).

- Bitte wiegen Sie den Patienten/Bewohner einmal wöchentlich.
- Legen Sie für Frau März ein Ein- und Ausfuhrprotokoll an.
- Herr Müller muss unbedingt mehr trinken, er ist stark dehydriert / sein Urin ist stark konzentriert.
- Herr Meyer, Sie müssen wegen Ihrer Nierensteine/Blasenentzündung täglich mindestens zwei Liter trinken. Am besten mehr vormittags, dann müssen Sie in der Nacht nicht so oft raus.
- Bei Frau Möller legen wir zum Blasentraining ein Miktionsprotokoll an.
- Herr M. klagt über Nykturie. Ich verschreibe Ihm für die Nacht eine Urinflasche.
- Frau Mayer hat zu viel Flüssigkeit verloren. Geben Sie ihr über 24 Stunden 1000 ml NaCl (Natriumchlorid) und 1000 ml Ringerlösung intravenös (i .v.).
- Pfleger Paul, achten Sie bitte darauf, dass Herr Möller genügend trinkt / sein Lieblingsgetränk in der Nähe hat.
- Herr A. leidet an einer Stuhlinkontinenz und trägt deshalb ein Analtampon, das alle 6 bis 8 Stunden gewechselt werden muss.
- Herr A. bekommt vor der Koloskopie noch ein Klistier.
- Bei Herrn U. besteht Verdacht auf (V.a.) Darmverschluss/Ileus. Wir müssen sofort den Notarzt rufen.
- Zur Vermeidung von Verstopfung sollte Frau M. mehr trinken / mehr Obst essen / ein Abführmittel (Laxans) einnehmen.

Arzneimittel besprechen

- Das Arzneimittel/Medikament ist frei verkäuflich / nicht apothekenpflichtig.
- Sie können das Medikament auch in einer Drogerie kaufen. Es ist nicht apothekenpflichtig.
- Sie können die Salbe nur in einer Apotheke kaufen. Sie ist apothekenpflichtig.
- Die Tabletten können Sie nur mit einem Rezept vom Arzt kaufen.
- Der Arzt muss Ihnen für die Tabletten ein Rezept ausstellen.
- Der Arzt muss Ihnen die Tabletten verschreiben. Sie sind verschreibungs-/rezeptpflichtig.
- Rezeptpflichtige Medikamente bekommen Sie nur in der Apotheke.

- Betäubungsmittel (BtM) dürfen nur gegen Vorlage eines Betäubungsmittelrezeptes Teil I und Teil II von Apotheken abgegeben werden.

Aufträge und Anordnungen nachfragen und bestätigen

- Frau Maier bekommt dreimal täglich ... und abends zusätzlich 1 Tablette ... zum Schlafen.
- □ Also dreimal täglich ... und abends zusätzlich einmal ... . Richtig?
- Kannst du mir das bitte noch einmal erklären, ich habe nicht alles verstanden.
- Melden Sie bitte Herrn Hermann zur Gastroskopie an.
- □ Herrn Hermann zur Gastroskopie.
- Zuerst machen wir bei Frau Berner Labor und dann ein CT-Thorax.
- □ Zuerst Labor und dann melde ich Frau Berner beim CT an / mache ich für Frau Berner einen CT-Termin.
- Soll ich jetzt bei Herrn Müller zuerst ein EKG schreiben oder ihn zur orthopädischen Sprechstunde bringen?
- □ Gehen Sie zuerst in die Sprechstunde, das EKG kann warten / können wir später machen.

ausscheiden

- Hatten Sie heute schon Stuhlgang?
- Waren Sie heute schon auf der Toilette?
- Haben Sie immer noch Durchfall/Verstopfung?
- Der Stuhlgang von Herrn V. ist hart/weich/wässrig/weiß/schwarz/schleimig/blutig/...
- Haben Sie schon Wasser gelassen?
- Der Urin von Frau M. ist klar/trüb/braun / stark konzentriert / übelriechend/rötlich/blutig,
- Ich habe den Urinbeutel von Herrn N. gewechselt.
- Schwester, können Sie bitte meine Urinflasche leeren?
- Kannst du bitte das Steckbecken von Frau K. in der Fäkalienspüle reinigen.
- Würdest du bitte bei Frau A. das Urinauffangsystem wechseln.
- Der Behälter für den 24 Stunden (Std.)-Sammelurin von Herrn M. steht im unreinen Raum unten im Regal.

- ▪ Schwester, können Sie bitte Frau M. den Toilettenstuhl bringen. Sie muss dringend aufs Klo.
- ▪ Frau A. hat heute zweimal schwallartig unverdautes Essen erbrochen. Da sie immer noch über Übelkeit klagt, hat sie einen Spuckbeutel am Bett.
- □ Schwester, mir ist so schlecht/übel. Ich glaube, ich muss mich übergeben. Könnten Sie mir schnell eine Nierenschale bringen?
- ▪ Das Erbrochene von Frau A. war kaffeesatzartig/grünlich/blutig/schleimig.

B

Befinden erfragen und reagieren

bei Kollegen:

▪ Wie geht's?	□ Danke, gut! Und dir?
▪ Wie geht es Ihnen?	□ Danke, sehr gut! Und Ihnen?
▪ Was gibt es Neues?	□ Nichts Besonderes.
▪ Wie war die Nacht?	□ Alles in Ordnung / Leider anstrengend.

- ▪ Wie war dein Wochenenddienst?
- □ Relativ ruhig / normal/stressig / viel zu tun / …

bei Patienten:

▪ Wie geht es Ihnen heute?	□ Gut / Nicht so gut.
▪ Wie fühlen Sie sich heute?	□ Danke, besser.
▪ Haben Sie gut geschlafen?	□ Ja, gut / Es geht / …
▪ Wie war die Nacht?	□ Sehr gut, danke.

- ▪ Guten Morgen! Wie geht es Ihnen heute?
- ▪ Wie fühlen Sie sich?
- ▪ Haben Sie gut geschlafen / Wie war Ihre Nacht?
- ▪ Geht es Ihnen besser?
- ▪ Was tut Ihnen weh / Wo tut es Ihnen weh?
- ▪ Haben Sie noch Schmerzen / Was machen Ihre Beschwerden? Wie fühlen Sie sich heute / am ersten Tag nach der OP?
- ▪ Haben Sie sich etwas von der Operation / der Untersuchung erholt?
- ▪ Haben Sie gut geschlafen?
- ▪ Haben Sie noch starke Schmerzen? Brauchen Sie Schmerzmittel?

- Haben Sie Schmerzen an der Wunde?
- Sagen Sie mir, wo genau es Ihnen wehtut.
- Ist Ihnen noch übel?
- Haben Sie noch Atemnot/Schmerzen im / in der ...
- Sind Sie schon aufgestanden? Wie klappt es mit dem Aufstehen?
- Sind Sie schon gelaufen?
- Haben Sie schon mit der Atemgymnastik begonnen?
- Haben Sie schon gegessen? Haben Sie das Essen / das Medikament gut vertragen?

Befinden und Schmerzen allgemein erfragen

- Erzählen Sie: Was ist passiert / Was führt Sie zu uns? / Warum sind Sie hier?
- Wie geht es Ihnen?
- Wie fühlen Sie sich (heute)?
- Fühlen Sie sich gesund/wohl/fit? Wie fühlen Sie sich allgemein/insgesamt?
- Haben Sie Schmerzen?
- Was für Beschwerden haben Sie im Moment?
- Was tut Ihnen weh?
- Wie kann ich Ihnen helfen?
- Wo genau haben Sie Schmerzen?
- Können Sie mit der Hand auf die Stelle zeigen, wo es weh tut?
- Können Sie mir den Ort der Schmerzen genauer beschreiben?
- Können Sie mir sagen, wie sich die Schmerzen anfühlen?
- Können Sie mir die Schmerzen beschreiben?
- Wie fühlen sich die Schmerzen an?
- Sind die Schmerzen eher stechend/klopfend/ziehend/brennend/dumpf?
- Womit sind die Schmerzen vergleichbar?
- Wie stark sind die Schmerzen auf einer Skala von 1 bis 10?
- Gehen die Schmerzen von einem bestimmten Punkt aus?
- Strahlen die Schmerzen in eine bestimmte Körperregion aus?
- Spüren Sie die Schmerzen auch an einer anderen Stelle?
- Seit wann haben Sie die Schmerzen?
- Wann sind die Schmerzen zum ersten Mal aufgetreten?

- Sind die Schmerzen plötzlich gekommen oder nach und nach stärker geworden?
- Sind die Schmerzen wellenförmig oder gleichmäßig?
- Haben Sie die Schmerzen ständig/gelegentlich?
- Sind Sie manchmal schmerzfrei?

begrüßen und sich bei Patienten und Angehörigen vorstellen

- Guten Morgen, ich bin Schwester Ana / ich bin Pfleger Rui.
- Guten Morgen, ich bin Frau Hofer, Gesundheits- und Krankenpflegerin hier auf Station.
- Hallo, ich bin Schülerin / Lernschwester Susanne.
- Guten Tag, ich bin Doktor Stavroulos.
- Darf ich mich vorstellen? Mein Name ist ...
- Guten Morgen, Frau ..., ich bin Schwester Lydia.
- Guten Abend, ich bin Pfleger Paul und habe heute Nachtdienst.
- Guten Abend. Ich bin Herr Kraus / Frau Hofers und habe heute Spätdienst.
- Guten Abend, ich bin Doktor Schirmer und habe Wochenenddienst.

Begrüßung und Vorstellung erwidern

- Guten Tag! Herzlich willkommen, Schwester Svetlana / Frau Swoboda!
- Freut mich, Sie kennenzulernen. Mein Name ist Dinh. Ich komme aus Vietnam.

□ Schwester Dinh aus Vietnam, habe ich Sie richtig verstanden? Wie schreibt man das?

- De - I - eN - Ha.

□ Ist das der Vorname oder der Nachname?

- Das ist der Vorname.
- Also, bei uns sagen wir auf Station / im Pflegeteam „du“.
- Wir Kollegen duzen uns hier auf Station.
- Wir sagen auf Station „du“ zueinander.
- Hallo, ich bin Emil. Darf ich du sagen?
- Wir sprechen uns hier mit dem Vornamen und „Sie“ an, also ich bin die Katharina.
- Ich freue mich auf eine gute Zusammenarbeit.

Beipackzettel

Zusammensetzung (Inhaltsstoffe/Wirkstoff):

- 1 Kapsel/Tablette / 1 Dragee / 1 Ampulle / 1 Suppositorium enthält/entspricht 0,5 g / 10 mg / 10 ml …

Anwendungsgebiete (Indikation):

- Zur Behandlung von … / Zur Anwendung bei/von … / Bei Erkrankungen des Magen-Darm-Trakts / Kopfschmerzen / krampfartigen Bauchschmerzen / Bluthochdruck / …

Gegenanzeigen (Kontraindikation):

- Das Medikament / Die Medizin soll nicht angewendet werden bei … / darf nicht gegeben / nicht eingenommen werden bei … . / darf nicht verabreicht werden bei … /
- Patienten mit …-Allergie sind bei der Einnahme des Medikaments gefährdet
- Patienten mit Penicilinallergie dürfen Penicillin nicht einnehmen / Penicillin darf nicht gegeben werden.
- Die Medizin sollte nur nach Rücksprache mit dem Arzt / nach Befragen des Arztes angewendet/eingenommen/verabreicht/gegeben werden.
- Für Kinder unter 6 Jahren ist der Wirkstoff Diclofenac nicht geeignet / sind die Dosierungsempfehlungen zu beachten.

Dosierung (Menge der Einnahme):

- Soweit nicht anders verordnet wird das Medikament wie folgt / wie unten angegeben eingenommen/gegeben.
- Falls vom Arzt nicht anders verordnet, ist die übliche Dosis:
- 3 x täglich 1-2 Tabletten/Dragees
- Einzeldosis nach ärztlicher Anordnung / 3 Tabletten / 50 mg / Kinder bis 40 kg Körpergewicht 50-100 mg pro Tag
- Die Tageshöchstdosis ist 2000 mg.
  - 5 ml 3 x täglich Nurufen®-Saft
  - 1–2 cm langen Salbenstrang auftragen
  - 1–2 Hub (Hübe)/Sprühstöße bei Bedarf in die Nase sprühen
  - 1–2 Tropfen in den Gehörgang träufeln/geben
  - 10–30 Tropfen täglich oral / per os / auf die Zunge
- Nehmen Sie das Medikament immer nach der Anweisung der Packungsbeilage oder fragen Sie Ihren Arzt oder Apotheker.

Wechselwirkung mit anderen Medikamenten:

- Die Wirkung des Medikaments kann durch bestimmte Präparate/ Alkohol erhöht/vermindert werden.
- Das Medikament sollte nicht zusammen mit ... eingenommen/ gegeben werden.

Einnahme / Art der Anwendung:

- Das Medikament soll vor/nach dem Essen mit viel / ausreichend Flüssigkeit / unzerkaut / gelutscht eingenommen werden.
- Die Lösung kann intravenös/subcutan/intramuskulär verabreicht werden.
- Die Tablette kann in Wasser aufgelöst und getrunken werden.
- Die Creme kann auf die Haut/Wunde aufgetragen werden.
- Ein Zäpfchen kann in den After / die Vagina eingeführt werden.

Nebenwirkungen (unerwünschte Wirkungen):

- Die Einnahme des Medikaments kann zu allergischen Reaktionen / Schwindel / Steigerung der Herzfrequenz / Durchfall / Blutarmut / führen.

Beruf: über den Beruf sprechen

- ■ Hallo Paul, sag mal: Wie lange arbeitetest du schon hier?
- □ Schon drei Jahre / noch nicht so lange.
- ■ Was hast du für eine Ausbildung?
- □ Ich bin gelernter/ausgebildeter Krankheits- und Gesundheitspfleger/Rettungsassistent/... / Ich habe ein Studium absolviert.
- ■ Wie lange dauert die Ausbildung in Deutschland / in Österreich / in der Schweiz?
- □ In der Regel drei Jahre.
- ■ Bei uns in Portugal /... machen die Pflegekräfte ein vierjähriges Studium. Das ist zum Teil sehr theoretisch. Dafür dürfen sie dann aber in der Behandlungspflege mehr machen als hier.
- ■ Frau Dr. Gruber, darf ich fragen, wo und was Sie studiert haben?
- □ Ich habe in München Medizin studiert und jetzt mache ich meine Facharztausbildung als Chirurgin hier in ...
- ■ Wie lange haben Sie / hast du schon Berufserfahrung?
- □ Nach der Ausbildung habe ich drei Jahre auf einer Station gearbeitet, dann habe ich eine Fortbildung zur OP-Schwester / ... gemacht. Seither arbeite ich im OP.

- ■ Arbeitest du Vollzeit oder Teilzeit?
- □ Seit ich Kinder habe, arbeite ich Teilzeit bei einem ambulanten Pflegedienst / immer nur vormittags oder manchmal am Wochenende, wenn mein Mann zu Hause ist.

Berufsbezeichnungen

- Frau Singer ist unsere Einrichtungsleiterin/...
- In unserem Haus arbeiten 24 Vollzeitkräfte und 37 Teilzeitkräfte.
- Ab Herbst werden bei uns auch 4 Präsenzkräfte eingestellt, die uns bei der täglichen Arbeit unterstützen.
- Auf der Intensivstation arbeiten 21 Intensivpfleger in drei Schichten.

Betten: Kommunikation mit Patienten

- Ich möchte jetzt Ihr Bett machen.
- Wir möchten Ihr Bett frisch beziehen. Stehen Sie bitte auf und setzen sich solange auf den Stuhl.
- Brauchen Sie Hilfe beim Aufstehen?
- Können Sie allein(e) aufstehen?
- Die Betteinlage können wir herausnehmen.
- Wir möchten das Stecklaken / das Betttuch wechseln / glatt ziehen.
- Wir möchten die Betteinlage / den Durchzug wechseln. Heben Sie dazu bitte kurz das Gesäß / den Po an.
- Soll ich Ihnen das Kopfkissen aufschütteln?
- Soll ich Ihnen Ihr Kopfteil hoch/flach stellen?
- Brauchen Sie noch ein Kopfkissen / eine Decke / eine Fußstütze?
- Um Ihr Bett zu machen, stellen wir zuerst das Kopfteil flach. Stellen Sie bitte Ihr linkes/rechtes Bein an. Jetzt drehen wir Sie auf die rechte/linke Seite. Geht das so für Sie?
- Wir drehen Sie auf den Rücken und ziehen Sie ein Stück nach oben / zum Kopfende des Bettes.
- Können Sie so gut liegen / Liegen Sie so bequem?

beruhigen: Patienten und Bewohner beruhigen

- Keine Angst! Das schaffen Sie schon!
- Die Verletzung / Das Risiko ist minimal / nicht so groß.

- Kein Problem.
- Halb so schlimm / Es ist nicht so schlimm, wie es aussieht.
- Seien Sie unbesorgt!
- Kopf hoch! Es wird alles wieder gut.
- Wir haben hier sehr gute Möglichkeiten/Ärzte/..., da können Sie ganz beruhigt sein. Sie sind hier in guten Händen.
- Jetzt entspannen Sie sich / schlafen Sie erst einmal.
- Machen Sie sich keine Sorgen. Sie werden sicher schnell wieder gesund / Sie werden sich sicher schnell wieder erholen.

Beschwerden von Kollegen und Abteilungen beantworten

- Entschuldigung, da ist mir wohl ein Fehler unterlaufen.
- Das tut mir leid. Ich schicke Ihnen die Laborwerte / die Ergebnisse der Untersuchung gleich mit der Hauspost.
- Ich bitte vielmals um Entschuldigung. Es wird nicht wieder vorkommen.
- Das war keine Absicht von mir. Entschuldigen Sie.
- Das habe ich wohl etwas falsch verstanden / etwas verwechselt / falsch eingetragen.
- Es tut mir wirklich leid, dass ich das Formular falsch ausgefüllt habe.
- Ich möchte mich bei Ihnen/dir entschuldigen, dass ich ...
- Entschuldigen Sie, aber ich glaube, der Fehler liegt bei Ihnen.
- Schwester Maria, wäre es möglich, dass Sie das in Zukunft anders machen / ...
- Herr Kollege, ich möchte Sie bitten, dass Sie mich beim nächsten Mal vorher über den Vorgang informieren.
- Entschuldigen Sie bitte, aber ich bin für ... nicht verantwortlich.
- Tut mir leid, aber das gehört nicht zu meinem Aufgabenbereich.

Beschwerden von Patienten und Angehörigen beantworten

- Es tut mir leid, dass Sie so lange gewartet haben, aber ...
- Entschuldigung, dass es so lange gedauert hat, aber ...
- Ich verstehe, dass Sie verärgert sind.
- Leider haben wir im Moment keine andere Möglichkeit.
- Ich kann Ihren Vorwurf verstehen.

- Ich werde sofort versuchen, das Problem zu lösen.
- Warten Sie bitte einen Moment. Ich werde mich um Ihr Anliegen kümmern.
- Wenn Sie sich bitte noch einen Augenblick gedulden. Ich komme gleich zu Ihnen.
- Ich kann mir vorstellen, dass das nicht angenehm für Sie ist, aber leider …

Biografieberichte erstellen

- Frau Mayer erzählen Sie bitte etwas zu Ihrem Leben?
- Wann und wo sind Sie geboren?
- Wer waren Ihre Eltern?
- Haben Sie Geschwister?
- Welche Schule(n) haben Sie besucht?
- Haben Sie eine Ausbildung gemacht / ein Studium absolviert?
- Herr Wolf, waren Sie beim Militär / als Soldat im Krieg? Sind Sie verwundet worden?
- Was haben Sie nach dem Kriegsende gemacht?
- Haben Sie Kinder? Was machen die heute? Wo leben sie?
- Bekommen Sie regelmäßig Besuch?
- Frau Mayer, Sie haben vorher erwähnt, dass Sie einmal einen schlimmen Unfall / eine schwere Krankheit/Operation hatten. Erzählen Sie etwas darüber?
- Herr Wolf, Sie wirken etwas depressiv. Was belastet Sie?
- Haben Sie Sorgen? Gibt es Probleme in der Familie?
- Was für Hobbies haben Sie / Welche Hobbies hatten Sie früher?
- Treiben Sie Sport / Haben Sie früher Sport getrieben?
- Haben/Hatten Sie ein Haustier?
- Haben/Hatten Sie einen Garten?
- Was essen Sie gern?
- Welche Sendungen im Fernsehen sehen Sie gern?

D

Dienst und Dienstplan: Fragen rund um den Dienst

- ■ Wie lange geht der Frühdienst?
- □ Von ... Uhr bis ... Uhr.
- ■ Wann beginnt/endet der Bereitschaftsdienst?
- □ Um ...
- ■ Wann ist der neue Dienstplan fertig?
- □ Nächste Woche.
- ■ Gibt es schon einen neuen Dienstplan?
- □ Ja, er hängt im Stationszimmer.
- ■ Wer hat am Wochenende Bereitschaftsdienst?
- □ Doktor Schreiner.
- ■ Könnte ich über Ostern/Pfingsten/Weihnachten frei haben?
- ■ Wer möchte an Silvester/Neujahr/ ... Dienst machen?
- ■ Wer ist freiwillig bereit, am nächsten Feiertag zu arbeiten?

Dienst tauschen

- ■ Ich bräuchte am Dienstag Frühdienst. Wer könnte mit mir tauschen?
- ■ Könntest du nächstes Wochenende mit mir den Spätdienst tauschen?
- ■ Könntest du bitte nächstes Wochenende meinen Dienst übernehmen / Dienst für mich machen?

Diensttausch: Bitten beantworten

- ■ Nein, tut mir leid. Ich habe da selbst einen Termin.
- ■ Nein, das geht leider nicht, da habe ich eine Einladung.
- ■ Tut mir leid, aber da habe ich schon etwas ausgemacht / da habe ich schon etwas vor. Frag doch mal Thomas.
- ■ Ja, (das) kann ich machen / das geht.
- ■ Kein Problem, (das) mache ich gern.
- ■ Frühdienst passt mir am Montag auch.
- ■ Warte, ich muss erst mal in meinen Terminkalender schauen.
- ■ Ich gebe dir morgen Bescheid, okay?

Dokumentation in der ambulanten Pflege

- Die Patientendaten müssen täglich aktualisiert werden.
- Jede Medikamentengabe muss mit Menge und Dosierung eingetragen werden.
- Den Pflegebericht (bei der ambulanten Pflege) muss man auch in die Pflegezentrale senden.
- Die Pflegezentrale hat alle Patientendaten als Datensatz gespeichert.
- Über die Zentrale können alle Daten auch abgerufen werden.

Dosierung und Darreichungsform von Medikamenten erklären

- Ich verschreibe Ihnen gegen die Infektion ein Antibiotikum / ein pflanzliches Mittel. Nehmen Sie davon bitte morgens, mittags und abends eine Tablette unzerkaut und mit viel Flüssigkeit.
- Nehmen Sie die Kapseln bitte eine Stunde vor/nach dem Essen ein.
- Lösen Sie Tabletten in einem Glas Wasser auf und trinken Sie das Glas leer.
- Nehmen Sie bei starken Schmerzen 20 Tropfen von dem Schmerzmittel. Geben Sie die Tropfen dazu am besten auf einen Löffel mit ein bisschen Zucker.
- Nehmen Sie 7 Tage lang morgens und abends 10 ml von dem Saft.
- Sollten Sie nach drei Tagen Antibiotikaeinnahme immer noch Fieber haben, kommen Sie bitte noch mal zu mir.
- Tragen Sie die Salbe täglich dünn auf die betroffene/gerötete Hautstelle / den Abszess auf.
- Schmieren Sie die Salbe 3-mal täglich auf das Knie.
- Reiben Sie die Schulter bei Bedarf mit dem Schmerzgel ein.
- Geben Sie einen ca. 1 cm langen Streifen von der Salbe 2-mal am Tag in das entzündete Auge.
- Kleben Sie das Pflaster auf den Schmerzpunkt und erneuern Sie es alle 24 Stunden / täglich.
- Gegen die Schmerzen bekommen Sie von mir Ohrentropfen. Tröpfeln Sie 3-mal täglich 5 Tropfen in Ihr rechtes Ohr.
- Ich gebe Ihnen gegen die Rückenschmerzen eine Spritze in den Oberarmmuskel.

- Sie müssen sich ab heute 1-mal täglich Heparin unter die Haut spritzen. Sie machen dazu am Bauch/Oberschenkel eine Hautfalte, stechen dann fast senkrecht in die Hautfalte und spritzen sich langsam das Heparin.

E

EKG schreiben, Blutzucker und ZVD messen

- Ich würde jetzt gern ein EKG bei Ihnen schreiben. Machen Sie bitte Ihren Oberkörper, die Unterarme und die Unterschenkel frei. Legen Sie sich jetzt auf das Bett / die Liege.
- Ich lege Ihnen jetzt die Elektroden an. Achtung/Vorsicht, die sind ein bisschen kalt.
- Die Messung dauert nicht lange, bitte bleiben Sie dabei ganz ruhig liegen. Bewegen Sie sich nicht mehr und atmen Sie ruhig weiter.
- Die Messung ist vorbei. / Schon sind wir fertig.
- Hier haben Sie ein Papiertuch, um sich das Gel abzuwischen.
- Sie können sich jetzt wieder anziehen.

- Herr Scholz, vor dem Frühstück müssen wir noch Ihren Blutzucker überprüfen.
- An welchem Finger soll ich Sie stechen?
- Soll ich Sie am Finger oder am Ohrläppchen stechen?
- Bitte waschen Sie zuerst Ihre Hände.
- Bevor ich Sie mit der Lanzette steche, desinfiziere ich Ihren Finger / Ihr Ohrläppchen.
- Das pikst jetzt kurz.
- Das tut ein bisschen weh.
- Hier haben Sie einen Tupfer. Drücken Sie mit dem Tupfer kurz auf die Einstichstelle.
- Blutet es noch?
- Wenn es nicht mehr blutet, können Sie den Tupfer wegnehmen.

- Herr M., ich messe gleich noch Ihren zentralen Venendruck (ZVD). Dazu muss ich Sie in die flache Rückenlage bringen und Ihren Oberkörper frei machen. Geht das so für Sie?

- Jetzt pumpe ich noch Ihr Bett ein bisschen hoch und verbinde das Schlauchsystem mit Ihrem zentralen Venenkatheter. Bleiben Sie ganz ruhig liegen. Das machen Sie gut!
- So, das war's schon. Ich stelle Ihr Kopfteil wieder hoch und decke Ihren Oberkörper wieder zu.

Entlassung: Gespräche mit Angehörigen über die weitere Pflege

- Frau Mayer, Ihre Mutter sollte nach der Operation einige Wochen in die Anschlussheilbehandlung/Reha. Unsere Sozialarbeiterin/ Betreuerin wird sich um einen Platz / um die Anmeldung kümmern.
- Wenn Ihr Vater entlassen wird, achten Sie bitte darauf, dass er regelmäßig seine Medikamente nimmt / ausreichend trinkt / seine Diät einhält / seinen Blutdruck misst / regelmäßig zur Krankengymnastik geht.
- Frau Müller, wenn Ihre Mutter jetzt wieder nach Hause kommt, müssen Sie die Krankenkasse informieren. Die schickt den MDK (Medizinischer Dienst der Krankenkassen). Der prüft, welche Pflegestufe Ihre Mutter bekommt.
- Sie sollten für Ihren Vater einen ambulanten Pflegedienst beauftragen, der regelmäßig nach Ihrem Vater sieht.
- Es gibt die Möglichkeit, dass Sie für Ihren Vater einen Hausnotruf organisieren. Dann kann er im Notfall immer Hilfe holen.
- Bitte bringen Sie Ihre Tochter / Ihr Baby in zwei Wochen zu uns in die Ambulanz zur Nachsorge-/Vorsorge-/ Kontrolluntersuchung/...

erklären: Patienten Ergebnisse, Vorgehen und Situation erklären

- Frau Sauter, Ihre Werte aus dem Labor sehen ganz gut / leider nicht so gut aus.
- Zur Abklärung müssen wir noch weitere Untersuchungen machen.
- Sie brauchen sich keine Sorgen zu machen, aber wir müssen uns den Befund noch genauer ansehen.
- Sie bekommen erst mal eine Spritze gegen die Schmerzen.
- Wir geben Ihnen ab sofort etwas gegen Ihren Bluthochdruck.
- Das Blutzuckertagesprofil deutet darauf hin, dass Sie an Diabetes erkrankt sind.

- Wir behandeln den Bruch konservativ, wir operieren Sie nicht.
- Die Behandlung wird zirka (ca.) 4 Wochen dauern.
- Sie werden frühestens in 4 Tagen entlassen.
- Es besteht der Verdacht, dass Sie an ... erkrankt sind.
- Zur Behandlung Ihres Tumors empfehlen wir Ihnen ... / würden wir Ihnen ... vorschlagen.

Essen am Computer bestellen

- Hallo (Schwester) Eliza, ich kann dir die Essensbestellung bei uns mal erklären:
- Du öffnest die Maske Essensbestellung.
- Nun musst du jeden Patienten einzeln in der Computermaske anlegen, also Name, Vorname, Station und Zimmer hineinschreiben. Das findest du unter dem Button Belegung.
- Dann musst du mit der Maus jeweils anklicken, ob der Patient Vollkost, leichte Kost, Diät-, vegetarische, schweinefleischfreie, Aufbau- oder andere Kost bekommt.
- Wenn jemand Sonderwünsche hat, kannst du das bei/unter ... eingeben.
- Wenn du alle Bestellungen eingegeben hast, klickst du auf den Button „an die Küche abschicken".

Essen, Geschirr und Besteck austeilen und einsammeln

- Hier kommt Ihr/das Frühstück / das Mittagessen / der Nachmittagskaffee / das Abendessen.
- Möchten Sie lieber Tee oder Kaffee zum Frühstück?
- Frau Müller, wollen Sie noch ein Extrabrötchen / eine Extrasemmel / noch eine Scheibe Brot / Vollkornbrot?
- Möchten Sie Milch oder Zucker in den Tee?
- Wo möchten Sie essen? Soll ich das Essen ans Bett bringen oder auf den Tisch stellen?
- Ich stelle Ihnen das Tablett / den Teller / die Tasse / das Glas auf den Nachttisch.
- Brauchen Sie noch einen Kaffeelöffel / ein Messer / eine Gabel?
- Vorsicht, die Suppe ist noch heiß!
- Guten Appetit!

- Lassen Sie es sich schmecken.
- Wenn Sie mit dem Essen fertig sind, können Sie das Tablett in den Essenswagen stellen.
- Kann ich das Tablett abräumen?
- Sind Sie mit dem Essen fertig?
- Hat es Ihnen geschmeckt?
- Sie haben kaum etwas gegessen. Hat es Ihnen heute nicht geschmeckt?
- Sind Sie satt oder möchten Sie noch etwas essen?

Essen: Unterstützung anbieten und geben

- Brauchen Sie Hilfe oder können Sie allein/selbstständig essen?
- Können Sie schon allein essen?
- Kommen Sie allein zurecht?
- Soll ich Ihnen das Abendbrot richten?
- Ich stelle Ihnen zum Essen das Kopfteil hoch. Geht das so?
- Frau Müller, ich komme gleich und helfe Ihnen beim Essen.
- (Pfl.) Emil, kannst du bitte Herrn Frank das Essen anreichen, er kann nach dem Schlaganfall noch nicht allein essen.
- Was soll ich auf Ihr Brot schmieren? Marmelade oder lieber Honig?
- Möchten Sie den Saft mit dem Schnabelbecher oder einem Strohhalm trinken?
- Soll ich Ihnen das Fleisch schneiden / die Rinde vom Brot wegschneiden?
- Frau M., Sie müssen noch nüchtern bleiben. Soll ich Ihnen das Mittagessen aufheben/zurückstellen?

Essenswünsche erfragen und weitergeben

- Frau M., hier ist der Wochenspeiseplan. Sie können zwischen vier Menus wählen.
- Frau Mayer, haben Sie schon den Speiseplan gelesen und ausgefüllt? Menü 1 oder 2 oder lieber das vegetarische Essen?
- Was möchten Sie essen/trinken/bestellen?
- Haben Sie andere Wünsche? Sind Sie Vegetarierin/Veganerin?
- Wünschen Sie koschere Kost?

- □ *Frau Müller:* Also Schweinebraten esse ich nicht so gern. Könnte ich bitte etwas anderes bekommen/bestellen?
- ■ Herr Grimm, Sie können Ihre Wünsche auf der Karte ankreuzen.
- ■ Frau G. klagt über Übelkeit und möchte leichte Kost bestellen.
- ■ Herr R. hat Verdauungsprobleme und wünscht sich zum Frühstück Vollkornbrot.
- ■ Frau A. hat Schluckbeschwerden und fragt, ob Sie (die) pürierte Kost bekommen könnte.
- ■ Die Diät-Verpflegungsassistentin kommt jeden Tag / jede Woche / regelmäßig, um besondere Wünsche abzuklären.
- □ *Frau Michel:* Darf ich jetzt bestimmte Dinge nicht mehr essen?
- ■ *Schwester:* Sie sollen kein fettes Fleisch, wenig Kohlenhydrate, keinen Kuchen oder Süßigkeiten essen. Dafür sollten Sie lieber viel Fisch, Gemüse und Obst zu sich nehmen.
- ■ Herr M., nach Ihrer Operation müssen wir Ihren Magen/Darm erst wieder an normales Essen gewöhnen. Die nächsten Tage erhalten Sie noch Schonkost / leichte Kost.
- ■ Frau B. hat Schmerzen beim Kauen und möchte pürierte Kost.
- ■ Herr M., Sie dürfen wieder normale Kost / Vollkost zu sich nehmen.
- ■ Herr Grimm, bei Ihrem hohen Blutdruck sollten Sie mehr auf salzarme Kost achten!
- ■ Herr A. hat Zöliakie. Wir müssen für ihn glutenfreie Kost bestellen.
- ■ Herr U. leidet an Appetitlosigkeit und bekommt deshalb ab sofort Wunschkost.
- ■ Wir müssen bei Herrn Munzig die Trinkmenge erhöhen, er ist leicht dehydriert und bekommt zusätzlich zwei Flaschen Mineralwasser.

F

Familien- und Sozialanamnese erfragen

- ■ Frau Mayer, leben Sie allein oder mit Familie?
- ■ Wohnen Sie zur Miete oder in einem eigenen Haus / einer Eigentumswohnung?
- ■ Seit wann sind Sie verheiratet/geschieden/verwitwet?
- ■ Können Sie (noch) selbstständig leben oder brauchen Sie regelmäßig Hilfe?
- ■ Gibt es in Ihrer Familie besondere/schwere Erkrankungen?

- Hatten Ihre Eltern oder andere Verwandte auch diese Krankheit?
- Ist Ihre Krankheit eine große Belastung für die Familie?
- Leben Ihre Eltern noch?
- Woran ist Ihre Mutter / Ihr Vater gestorben?
- Gibt es finanzielle Probleme durch Ihre Krankheit/Pflegebedürftigkeit?
- Gibt es in Ihrem Alltag Probleme, die Sie sehr belasten?
- Wer versorgt jetzt die Kinder / Ihren Mann / ...?
- Haben Sie regelmäßig Besuch von ... / Kontakt zu Ihrer Familie / zu Freunden?
- Wer ist das / Wer sind die Personen auf diesem Foto?
- Haben Sie Nichten/Neffen, Enkel, Onkel/Tanten?

Flüssigkeitsbilanzierung

- Frau Bayer muss bilanziert werden, d. h. wir legen ein Ein- und Ausfuhrprotokoll an.
- Zur Einfuhr gehören Getränke, flüssige Nahrung und Infusionen.
- Zur Ausfuhr gehören Urinmenge, Erbrochenes, Drainagen und Stuhl.
- Flüssigkeitsverluste über die Haut (Schwitzen) und Atmung werden meist geschätzt.
- Die Einfuhr trägst du in Milliliter (ml) links in die Spalte ein.
- Die Ausfuhr trägst du in die rechte Spalte ein.
- Frau Meier, Sie müssen ab jetzt bitte alles, was Sie an Flüssigkeit zu sich nehmen, hier auf diesem Blatt aufschreiben.
- Die Nachtschwester sammelt das Bilanzblatt ein und überträgt die Gesamteinfuhr und -ausfuhr und rechnet das Ergebnis der Bilanz aus.
- Frau Mehlig darf eine positive Bilanz von + 400 ml haben.
- Herr Sohler sollte eine negative Bilanz von – 200 ml erreichen.
- Die Bilanz bei Frau Köhler sollte ausgeglichen sein.

Fortbildung: über Fortbildung sprechen und teilnehmen

- Am Samstag ist eine Fortbildung zum Thema ... Ist das eine Pflichtfortbildung oder ist die freiwillig?
- □ Die Fortbildung ist für alle neuen Kollegen obligatorisch/Pflicht.

- ■ Die Fortbildung ist eigentlich freiwillig, aber es wird sehr gern gesehen, wenn man daran teilnimmt.
- ■ Mich würde die Fortbildung zum Thema … interessieren, aber da habe ich Dienst. Kann ich dafür freigestellt werden?
- □ Da musst du die Stationsleitung/Pflegedienstleitung fragen.
- ■ Ich habe eine sehr interessante Veranstaltung zum Thema … gefunden. Die Fortbildung kostet aber … Euro. Wird das übernommen? / Bezahlt das Klinikum / die Senioreneinrichtung die Fortbildung?
- □ Ich weiß nicht, aber du kannst bei … nachfragen / das bei … beantragen.
- ■ Ich habe einen sehr guten Deutschkurs gefunden, der ist aber regelmäßig am … Kann ich dafür im Dienstplan freibekommen / den Dienst tauschen?
- □ Das ist Verhandlungssache / das geht wahrscheinlich / nicht / …
- ■ Hier in der Klinik/ im Seniorenheim gibt es regelmäßig Fortbildungsangebote, manche sind obligatorisch, manche freiwillig. Wir müssen aber pro Jahr mindestens drei Fortbildungen besuchen.

G

Gefühle verstehen und Anteilnahme zeigen

- ■ Hallo Frau Mayer, geht es Ihnen heute besser?
- ■ Haben Sie immer noch Schmerzen/Beschwerden?
- ■ Hat die Salbe / die Spritze gegen die Schmerzen geholfen?
- ■ Sind die Schmerzen/Beschwerden stärker/schlimmer geworden?
- ■ Kann ich noch etwas für Sie tun? Haben Sie einen Wunsch?
- ■ Möchten Sie etwas trinken / …?
- ■ Kann ich Ihnen helfen? Brauchen Sie Hilfe?
- ■ Brauchen Sie Hilfe beim Aufstehen / bei der Toilette / beim Anziehen?
- ■ Ich helfe Ihnen gern / Das mache ich doch gern.
- ■ Ich bin ganz vorsichtig, aber ich muss jetzt den Verband erneuern.
- ■ Es tut mir leid, aber ich muss Ihnen noch mal Blut abnehmen / Sie noch mal stechen.
- ■ Ich kann verstehen, dass das unangenehm/schmerzhaft für Sie ist.

- Wie fühlen Sie sich jetzt? Ist Ihnen übel/schwindelig?
- Können Sie den Schmerz aushalten? Die starken Rückenschmerzen haben Ihnen bestimmt Angst gemacht.
- Machen Sie sich Sorgen wegen Ihrer Diagnose / um Ihre Kinder / Ihre Arbeit?

Gegenstände und Orte benennen

- Elena, kannst du bitte mal einen Rollstuhl bringen? Die stehen im Geräteraum.
- □ Ja, mach' ich.
- Maria, könntest du bitte den Essenswagen mal wegbringen?
- □ Ja, sofort.
- Kannst du bitte die Urinflaschen einsammeln und in der Fäkalienspüle reinigen?
- □ Ja klar, mach' ich.
- Der Rollator von Frau Müller steht noch in der Notaufnahme. Bring ihn doch bitte auf ihr Zimmer. Danke!
- Die Brille und das Hörgerät von Frau Müller legst du bitte in ihr Nacht-/Bettkästchen.
- □ Verstanden. Mach' ich gleich.
- Die Blutproben müssen ins Zentrallabor. Das ist im Keller. Kannst du sie schnell runterbringen?
- □ Ja, erledige ich sofort.
- Wo bekomme ich Inkontinenzvorlagen? Wir haben keine mehr.
- □ Da musst du ins Zentrallager in den Keller.

Geräte und Materialien kennenlernen, Anweisungen verstehen

- Die Infusionsbestecke/Dreiwegehähne sind im Stationszimmer.
- Die Infusionspumpen/Perfusoren/Infusionsständer sind im Lagerraum 1.
- Die Kanülen sind in der Schublade unten rechts.
- Schwester Svetlana, die Schutzhandschuhe, die Desinfektionsmittel, Fieberthermometer, Blutdruckmesser und die anderen Geräte sind im Raum neben dem Stationszimmer gelagert.
- Alle anderen Geräte wie Rollator/Gehwagen, Rollstuhl und die Toilettenstühle findest du im Geräteraum.

- Frau Möller darf die ersten drei Tage nach der Operation nicht aufstehen. Sie bekommt ein Steckbecken / eine Bettpfanne.
- Frau Marx, sobald Sie vom Bett aufstehen können, können Sie den Toilettenstuhl benutzen. Wir helfen Ihnen gerne.
- Herr Meyer, solange Sie nicht selbstständig auf die Toilette (gehen) können, können Sie die Urinflasche benutzen.
- Schwester Anna, für die Steckbecken und die Urinflaschen haben wir im Unreinen Raum eine Spülmaschine, du musst / Sie müssen sie nicht mit der Hand waschen/reinigen.
- Für die Patienten, die sich nicht selbstständig bewegen können, haben wir im Badezimmer einen Patientenlifter.
- Das Verbandsmaterial und die frische Bettwäsche sind bei uns im Lagerraum gelagert.

Geräte und Materialien in der ambulanten Pflege benennen

- Herr Möbius bekommt jetzt von der Krankenkasse einen Rollator.
- Wenn später Bedarf ist, kann er auch einen Rollstuhl bekommen.
- Frau Kranz wird zu Hause von Ihrer Schwester gepflegt, zur Erleichterung hat die Krankenkasse jetzt ein Pflegebett bewilligt.
- Sie braucht täglich Inkontinenzvorlagen (*ugs.* Windeln), die werden von der (Kranken-)Kasse bezahlt.
- Frau Kranz wird zusätzlich zum Baden und Duschen wöchentlich von einem Pflegedienst besucht. Als Hilfe hat sie jetzt einen Badewannenlift einbauen lassen.

Gespräche mit Angehörigen

- Herr Wolf, an wen können wir uns wenden, wenn wir Fragen haben? An Ihren Sohn / …? Wen sollen wir in Notfällen informieren?
- Seit wann hat Ihre Mutter diese Beschwerden / …?
- Ist Ihre Mutter selbstständig oder braucht sie Hilfe?
- Wie gut ist Ihr Vater orientiert?
- Hat Ihre Mutter besondere Sorgen/Angst?
- Wir haben bemerkt, dass Ihre Mutter schlecht zu Fuß ist / nachts unruhig ist / …
- Vielleicht könnten Sie etwas über die Vorlieben Ihres Vaters erzählen, dann können wir ihm besser helfen.

Hausnotruf

- Haben Sie einen Hausnotruf?
- Sind Sie an ein (Haus-)Notrufsystem angeschlossen?
- Mit so einem System können Sie immer Hilfe anfordern. Die Zentrale schickt sofort eine Hilfe in Ihre Wohnung.

Hygienevorschriften verstehen

- Die Hygiene dient hauptsächlich zum Schutz vor / zur Prävention von Infektionen.
- Bei/Vor jedem Kontakt mit Patienten/Bewohnern sind die Hygienevorschriften zu beachten/einzuhalten.
- Die Hygienevorschriften hängen im Stationszimmer / stehen im Hygieneplan / werden von der Hygienefachkraft überprüft.
- Der Reinigungs- und Desinfektionsplan legt fest, was, wann, wie, womit und wer desinfizieren/reinigen muss.
- Waschschüsseln, Steckbecken, Urinflaschen und Blumenvasen müssen im Krankenhaus nach Gebrauch desinfiziert werden.
- Vor der Blutentnahme muss die Injektionsstelle mit Neo-Kodan® besprüht werden und 30 Sekunden einwirken.
- Für die Schleimhautdesinfektion verwenden wir Octenisept®.
- Die Arbeitsflächen müssen mindestens einmal täglich mit einem Flächendesinfektionsmittel abgewischt werden.
- Schwester Svetlana, das wissen Sie ja, bevor Sie in das Patientenzimmer gehen, müssen Sie Ihre Hände desinfizieren.
- Zum Schutz vor einer Infektion solltest du dir Einmalhandschuhe / Schutzhandschuhe anziehen.
- Zum Katheterisieren benutzen wir sterile Handschuhe.
- Bei der Händedesinfektion muss das Desinfektionsmittel mindestens 30 Sekunden einwirken.
- (Pfleger) Emil, bei uns wird das gesamte Sterilisiergut in der Zentralsterilisation aufbereitet.
- Emil, wenn du auf das Isolierzimmer gehst, musst du immer einen Mundschutz / einen Schutzkittel / eine Schutzbrille / einen Haarschutz / Überschuhe tragen.

- Anna, du musst dir aus hygienischen Gründen bitte die Haare zusammenbinden.
- Wegen der Hygiene ist es nicht erlaubt, lange Nägel oder Nagellack zu tragen.
- Schwester Anna, du darfst bei uns im Pflegedienst keinen sichtbaren Schmuck und auch keine Uhr tragen.
- Im Dienst dürfen wir keine langärmlige Kleidung / Strickjacken tragen.
- Die Einhaltung der Hygienevorschriften wird vom Gesundheitsamt / von der Heimaufsicht kontrolliert.

I

Informationen über Patienten weitergeben

- Patient fühlt sich matt und niedergeschlagen.
- Patient äußert starke Schmerzen bei Belastung des Knies.
- Patient klagt/berichtet über Dyspnoe/Nykturie.
- Patient berichtet / gibt an, dass er an Übelkeit und Erbrechen leiden würde.
- Patient leidet an Hypercholesterinanämie/Hypertonie/Durchfall.
- Patient beschreibt die Schmerzen als ...
- Bewohner/Klient klagt über Appetitlosigkeit.

Inkontinenz

- Frau Sehrs hat Probleme den Urin zu halten. Sie trägt am Tag / tagsüber / in der Nacht / nachts Inkontinenzeinlagen mit Netzhose.
- Frau Sehrs hat eine Harninkontinenz. Sie braucht ein neues Rezept für Inkontinenzslips.
- Frau Müller, ihre Mutter braucht wieder Inkontinenzvorlagen. Können Sie bitte zwei Pakete im Sanitätshaus bestellen.

interkulturelle Probleme und Missverständnisse ansprechen

- Entschuldigen Sie bitte, wenn ich das anspreche, aber ...
- Verzeihung, wenn ich etwas falsch gesagt / ausgedrückt habe, aber mein Deutsch ist noch nicht so gut.

- Ich wollte Sie auf keinen Fall verärgern/verletzten/beleidigen, aber …
- Bitte nehmen Sie es mir nicht übel, aber ich möchte sagen, dass …
- Entschuldigen Sie bitte, in meinem Heimatland war ich das so gewohnt / habe ich das so gelernt.
- Ich fürchte, ich habe Sie nicht richtig verstanden, können Sie das bitte noch einmal sagen/wiederholen.
- Viele Probleme lassen sich schnell/besser lösen, wenn …
- Wenn man offen und ehrlich ist, dann …
- Ich verstehe Ihre Kritik/Sorge/Meinung, aber hier im Seniorenheim müssen wir auf gewisse Regeln achten.
- Bitte respektieren Sie, dass die anderen Patienten/Bewohner/… das so nicht wollen.
- Kann ich Ihnen das näher erklären: Ich bin das so gewohnt / nicht gewohnt, dass …
- Entschuldigung, aber ich glaube, es handelt sich hier um ein Missverständnis.
- Es tut mir leid, wenn … Aber können wir bitte sachlich bleiben.
- Es verärgert Patienten/Bewohner, wenn/dass …
- Ich verstehe, wenn Sie sich Sorgen um Ihre Mutter machen, Sie können uns alles fragen, was Sie möchten.
- Es tut mir leid, wenn ich Sie jetzt unterbrechen muss, aber ich muss noch die anderen Patienten versorgen.
- Ich glaube, Sie vergessen da etwas. Bitte denken Sie auch an …

K

Kollegialität zeigen und einfordern

- Hallo Anne, kannst du mir bitte helfen?
- Tut mir leid, das habe ich nicht verstanden.
- Kannst du das bitte noch einmal sagen/wiederholen / Kannst du bitte langsamer sprechen.
- Ich kann dir jetzt gern bei … helfen. Kannst du mir dann nachher bei … helfen? Ich habe das noch nicht so oft gemacht.
- Hast du mal einen Moment Zeit für mich? Kannst du mir das zeigen/erklären?

- Ich würde gern / möchte wissen, wie das ... Gerät funktioniert.
- Können wir uns die neue Maschine / das neue Formular / das neue PC-Programm mal gemeinsam ansehen? Ich möchte es gleich richtig lernen.
- Korrigiere mich bitte, wenn ich etwas falsch sage/ausspreche. Ich möchte ja gut Deutsch lernen.
- Ich kenne das aus Russland / aus meiner Heimat ... anders. Kannst du mir bitte den Unterschied erklären?
- Ich kann dir mal zeigen, wie wir das in Portugal/... gelernt haben. Da haben wir sehr gute Erfahrungen gemacht.
- Entschuldigung, ich habe das anders gelernt, kannst du mir noch einmal zeigen, wie das hier gemacht wird?

- *(Arzt)* Herr Kollege, bei allem Respekt, aber hier müssen wir das so machen/dokumentieren / die Patienten genau aufklären / ...
- Frau Dr. Rat, ich möchte Sie darauf aufmerksam machen, dass ...
- Unsere Oberärztin / Unser Chefarzt wünscht / ist es gewohnt, dass ...

- *(Junge Ärztin zu jungem Arzt)* Joachim, kannst du bitte mal meinen Aufnahmebericht/Entlassungsbrief/... durchlesen, ob das alles auf Deutsch korrekt ist. Danke!
- Wie kann ich das besser formulieren?
- Gibt es hier einen bestimmten Standard oder Abkürzungen / vorgeschriebene Formulare/Textbausteine/Vorlagen/...?

Kompromisse finden, Konsens herstellen

- Ich stimme dir/Ihnen zu.
- Ich bin auch der Meinung / Ich bin ganz deiner/Ihrer Meinung.
- Das ist sicher richtig, aber man muss auch bedenken, dass ...
- Ich kann dich/Sie verstehen, aber ich bezweifle, dass ...
- Ich bin mir nicht sicher, aber ich will dir hier glauben/folgen.
- Ja, das stimmt.
- Okay, können wir hier einen Kompromiss machen/finden?
- Können wir das in Zukunft so machen?
- Ich glaube, wir haben uns verstanden.
- Das freut mich, dass wir das Missverständnis jetzt geklärt haben.

Kontakt aufnehmen und Smalltalk

- ■ Hallo Michael, wie geht's?
- ■ Anna, wie war dein Wochenende?
- ■ Freut mich, Sie/dich kennenzulernen. Ich heiße Svetlana. Und Sie/du?
- ■ Ich bin zum ersten Mal in Österreich / Deutschland / in der Schweiz / ... und es gefällt mir sehr gut.
- ■ Kommst du aus der Gegend oder bist du auch neu in ...?
- ■ Heute ist aber sehr schönes Wetter!
- ■ Regnet es hier oft so stark?
- ■ Hast du gestern auch den Film gesehen?
- ■ Wie gefällt es dir/Ihnen hier?
- □ Sehr gut / Gut / Also ich muss mich noch etwas eingewöhnen, vieles ist ganz neu/fremd/...
- ■ Kommst du aus der Stadt oder vom Land?
- ■ Sag mal, wie schmeckt dir denn das Essen hier?
- □ Sehr gut / es geht / mal so, mal so / ...
- ■ Bist du allein(e) oder mit Familie hier?
- □ Ich bin noch nicht verheiratet, aber ich habe einen Freund/ Partner / ich bin verheiratet/Single.
- ■ Was kann man hier am Abend / am Wochenende / in der Freizeit machen? Hast du einen Tipp?
- ■ Ich mache gern Yoga / spiele gern Fußball / ... Kannst du mir einen Club/Verein/... empfehlen?
- ■ Gibt es hier etwas, was ich unbedingt sehen/machen sollte?
- ■ Wo kann man hier günstig/billig einkaufen?

Körperteile und das Skelett benennen

- ■ Das ist der Kopf.
- ■ Das sind die Beine.
- ■ Die Arme bestehen aus den Ober- und Unterarmen und den Händen.
- ■ Am Rücken sehen Sie die Wirbelsäule. Sie ist unterteilt in die Halswirbel,- Brustwirbel- und Lendenwirbelsäule sowie das Kreuzbein und das Steißbein.

- Zum Brustkorb gehören außer der Wirbelsäule noch das Brustbein und die Rippen.
- Zum Schultergürtel gehören das Schulterblatt und das Schlüsselbein.
- Die oberen Extremitäten sind unterteilt in den Oberarmknochen, die Elle und die Speiche sowie Handknochen.
- Zu den unteren Extremitäten gehören der Oberschenkelknochen, die Kniescheibe, das Schien- oder Wadenbein sowie Fußknochen.

Kostformen benennen und begründen, Anweisungen geben

- Herr Fink, Sie müssen ab 22.00 Uhr nüchtern bleiben, d. h. Sie dürfen nichts mehr essen und trinken. Um 9 Uhr haben Sie eine Gastroskopie.
- Herr Grimm, Ihr Blutzucker ist zu hoch. Sie bekommen deshalb ab jetzt eine Diabeteskost/Diabetesdiät.
- Frau Mahler, Sie bekommen wegen Ihres Untergewichts einige Wochen hochkalorische Kost.
- Frau Michel, Sie müssen etwas gegen Ihr Übergewicht tun. Deshalb hat die Ärztin eine Reduktionskost / kalorienarme Kost angeordnet. Außerdem haben wir für Mittwoch einen Termin bei der Ernährungsberatung für Sie ausgemacht.

Krankengeschichte erfragen

- Ich habe noch ein paar Fragen zu Ihrer Gesundheit.
- Kommen Sie von zu Hause oder aus einer anderen Klinik?
- Wer hat Sie eingewiesen/überwiesen?
- Sie hatten einen Unfall? Was ist genau passiert?
- Aus welchem Grund sind Sie hier?
- Haben Sie einen Arztbrief / eine Überweisung dabei?
- Wie geht es Ihnen? / Wie fühlen Sie sich?
- Was haben Sie für Beschwerden? / Was führt Sie zu uns?
- Haben Sie Schmerzen? Seit wann / Wie lange schon?
- Leiden Sie an chronischen Erkrankungen wie z. B. Diabetes?
- Waren Sie schon einmal (bei uns) im Krankenhaus?
- Sind Sie schon einmal operiert worden? Wann war das?
- Wissen Sie genau, was damals gemacht worden ist?

- Nehmen Sie (regelmäßig) Medikamente? Welche? Haben Sie die mitgebracht/dabei?
- Sind bei Ihnen Allergien bekannt?
- Haben Sie eine Lebensmittelunverträglichkeit?
- Wie ist Ihr Appetit? Leiden Sie an Appetitlosigkeit?
- Haben Sie Probleme mit Ihrem Gewicht? Haben Sie zu- oder abgenommen?
- Wie schlafen Sie? / Können Sie gut einschlafen/durchschlafen?
- Haben Sie Probleme beim Wasserlassen/Stuhlgang?
- Haben Sie häufig Harndrang? Leiden Sie an Verstopfung?
- Können Sie sich allein versorgen/waschen/anziehen/...?
- Brauchen Sie Hilfe beim Toilettengang / ...?
- Benötigen Sie irgendwelche Hilfsmittel, z.B. ein Hörgerät, eine Brille, eine Zahnprothese, einen Gehstock, einen Rollator?
- Haben Sie eine Pflegestufe? Welche?
- Trinken Sie (regelmäßig) Alkohol?
- Wie viel Alkohol (Bier, Wein, Schnaps) trinken Sie pro Tag/Woche?
- Rauchen Sie? Wie viel rauchen Sie pro Tag?
- Haben Sie schon einmal Drogen genommen?
- Wann haben Sie mit dem Rauchen/Trinken/Drogenkonsum aufgehört?

L

Laborwerte erfragen und verstehen (inkl. Abkürzungen)

- ■ Labor Kaiser, guten Tag.
- □ Hier Pfleger Rui, Station 4, habt ihr schon die Werte von Frau M.?
- ■ Wir haben die Werte schon (hoch)geschickt, aber was brauchst du denn?
- □ Das kleine/große Blutbild (BB).
- ■ Pfleger Rui, Station 4. Hallo Pedro, habt Ihr schon das Labor (*bj.*, gemeint sind die Laboruntersuchungen) / ... von Herrn Feist gemacht? Kannst du mir die Werte durchgeben?
- □ Ja, hast du was zum Schreiben? Also, der Hb ist ...
- ■ Hier Dr. Nordner von der Gynäkologie. Könnten Sie mir bitte die Blutwerte von Frau Menzig, Ella, geboren am 05.08.1974 sagen.

- Hallo, hier Dr. Mahler. Ich bräuchte dringend den Hb von Herrn M.
- □ Herr M., geboren am 30.01.1965.
- Ja, richtig.

- Hier Schwester Maria vom OP. Ich soll fragen, ob die Blutkonserve / das Thrombozytenkonzentrat (TK) von Frau K. schon fertig ist.
- Hier sind die Aufnahmen/Befunde/Werte ...
- Das ist das aktuelle Labor von heute Morgen.
- Die Zytologie / Der Tumormarker war unauffällig.
- Wie sind denn die Laborwerte?
- Dr. Endres, wir haben jetzt die Werte aus dem Labor von Herrn/Frau ...
- Schwester Monika, sind die Ergebnisse von Herrn/Frau ... aus dem Labor schon da?
- Was haben die Untersuchungen ergeben?

Elektrolyte durchsagen

- Natrium hundertsechsunddreißig: Na 136
- Kalium vier Komma drei: K 4,3
- Calcium zwei Komma fünf: Ca 2,5
- Chlorid achtundneunzig: Cl 98
- Magnesium null Komma sechsundachtzig: Mg 0,86
- BZ (Be-Zett) fünfundsiebzig: Blutzucker 75
- BSG (Be-eS-Ge) vierzehn: Blutkörperchensenkungsgeschwindigkeit 14
- Hb (Ha-Be) dreizehn Komma fünf: Hämoglobin 13,5
- Hk/Hkt (Ha-Ka-Te) einundvierzig: Hämatokrit 41
- Erys vier Komma acht: Erythrozyten 4,8
- Thrombos zweihundertvierundfünfzigtausend: Thrombozyten 254.000
- Leukos fünftausendachthundert: Leukozyten 5800

Medikamente austeilen und verabreichen

- ■ Guten Morgen, Herr Kramer. Hier ist Ihr Dispenser mit Ihren Tabletten. Die Tabletten im Kästchen *Morgen* nehmen Sie vor dem Frühstück, die im Kästchen *Abend* nehmen Sie bitte vor dem Abendessen. Im Kästchen *Nacht* ist eine Schlaftablette. Die nehmen Sie aber nur, wenn Sie nicht schlafen können.
- ■ Hier sind Ihre Tabletten für heute. Es sind zwei weniger, weil die Magentabletten abgesetzt wurden.
- ■ Sie müssen jetzt nur noch morgens und abends eine Kapsel gegen Ihren Zucker nehmen.
- ■ Sie bekommen ab heute das Antibiotikum als Tabletten.
- ■ Herr Braun. Sie haben vergessen, Ihre Tablette zu nehmen.
- ■ Soll ich Ihnen die Tablette klein machen / mörsern / auflösen, damit Sie sie besser schlucken können?
- ■ Sie müssen das Zäpfchen vaginal/rektal einführen.
- □ Schwester, in meinem Dispenser fehlt die Magentablette.
- ■ Ihre Schmerztropfen sind in dem Tropfenbecher.
- ■ Karin, hast du die Medikamente / die Infusion für Herrn Hobs schon gerichtet?
- ■ (Pfleger) Jürgen, kannst du bitte überprüfen, ob Frau Mahler Ihre Tabletten genommen hat?
- ■ Schwester, können Sie mir bitte mein Insulin aus dem Kühlschrank bringen.
- ■ Herr Bauer, ich spritze Ihnen jetzt in den Oberschenkel-/ Gesäßmuskel ein Schmerzmittel.
- ■ Herr Roland, machen Sie bitte den Bauch frei. Ich möchte Ihnen die Insulinspritze geben.
- ■ Frau König, Sie müssen die Tabletten am besten vor dem Essen mit viel Flüssigkeit schlucken/nehmen.
- ■ Frau Grau, ich hänge Ihnen jetzt gegen Ihre Schmerzen einen Schmerztropf an.

Medikation dokumentieren: Dosierung, Darreichungsform

- Doktor Bahlmann, schreiben Sie die Medikation für Herrn/Frau Kunz bitte noch in die Kurve:
  3 x tgl. ASS 100 p.o. L-Thyroxin® 50 1-0-1
  Adalat® 10 Kps., s.l. b. B. Canifug® supp. 0-0-1
  Novalgin® 20 Gtt. 1-0-1
  Adumbran® 10 p.o. 0-0-0-1
  Nitrolingual® 2 Hub (Hübe) b. B.
  5 Trpf. Otalgan® OT 1-1-1 re. Ohr
  Nasivin® NT 1-0-0-1 prä-OP 1 Klistier

Messen: Blutdruck und andere Vitalwerte

- Herr Gerl, ich messe jetzt bei Ihnen den Blutdruck.
- Machen Sie bitte Ihren rechten Arm frei, damit ich die Blutdruckmanschette anlegen kann.
- Frau Mayer, ich muss noch mal Ihren Puls fühlen, weil er heute Morgen ungleichmäßig war. Bitte geben Sie mir dazu (mal) Ihr linkes Handgelenk.
- Frau Scholz, ich möchte jetzt die Temperatur messen. Nehmen Sie dazu bitte das Thermometer und legen es seitlich unter die Zunge und halten den Mund geschlossen, bis es piepst.
- Wir müssen täglich Ihre Temperatur kontrollieren. Sie bekommen dafür ihr eigenes Thermometer. Messen Sie bitte immer am Vormittag selbstständig unter der Achsel (axillar).
- Wir messen die Köpertemperatur mit einem Ohrthermometer. Bitte machen Sie Ihr rechtes Ohr frei, damit ich das Thermometer ins Ohr einführen kann. Wenn es piepst, sind wir fertig
- Wegen Ihres Hustenreizes müssen wir heute Ihre Temperatur rektal, also im After messen. Drehen Sie sich dazu bitte auf die Seite und bleiben Sie ganz entspannt. Gut so! Das ist vielleicht ein bisschen unangenehm. Es dauert aber nicht lange.

Messen: über Messwerte informieren

- Der Blutdruck ist 165 zu 95 (RR 165/95).
- Ihr Blutdruck ist etwas erhöht / relativ niedrig.

- Ihr Puls ist gleichmäßig / unregelmäßig / zu langsam / zu schnell.
- Ihre Pulsfrequenz ist 56. Sind Sie vielleicht Sportler?
- Frau Scholz, Ihre Temperatur ist 37 Null (37°).
- Achtunddreißigfünf (38^5). Sie haben leichtes Fieber.
- Ihr Blutzucker ist 100, das ist in Ordnung.
- Ihr Blutzuckerwert ist 130, also leicht erhöht.
- Der ZVD ist 11. Das ist im Normbereich.

O

Organe benennen

- Zu den Sinnesorganen gehören die Haut, die Ohren und die Augen.
- Zum Kreislaufsystem zählen die Hauptschlagader, die Arterien, das Herz und die Venen.
- Zum Atmungssystem gehören die Nase, der Rachen, der Kehlkopf, die Luftröhre, die Bronchien, die Lungen sowie das Brust-, Rippen- und Zwerchfell.
- Zu den Bauchorganen gehören der Verdauungstrakt (die Mundhöhle, der Rachen, die Speiseröhre), der Gastrointestinaltrakt mit dem Magen, dem Dünndarm, Dickdarm und Mastdarm sowie die Leber, die Gallenblase und die Bauchspeicheldrüse, das Harnsystem (die Niere, das Nierenbecken, die Harnleiter, die Harnblase und die Harnröhre) sowie die Milz.
- Die Schilddrüse sitzt vor dem Kehlkopf und dem oberen Teil der Luftröhre.
- Zum männlichen Genitalsystem gehören die inneren Geschlechtsorgane (die Hoden und Nebenhoden, die Samenleiter, die Samenbläschen und die Prostata).
- Zu den äußeren Geschlechtsorganen zählen der Hodensack und das männliche Glied bzw. der Penis.
- Zum inneren weiblichen Genitalsystem gehören die Eierstöcke, die Eileiter, die Gebärmutter und die Scheide. Zu den äußeren Geschlechtsorganen zählen der Scheidenvorhof, die Bartholinischen Drüsen, große und kleine Schamlippen und die Klitoris.

Orientierung auf Stationen und Abteilungen

- Hier ist das Stationszimmer. Nebenan ist das Schwesternzimmer / der Stationsstützpunkt und gegenüber sind die Toiletten und der unreine Raum.
- Rechts vor der Glastür finden Sie die Stationsküche.
- Der Empfang, die Pforte, die Zentrale, die Notaufnahme, die Ambulanz und die Cafeteria sind im Erdgeschoss.
- Das Zentrallabor, die Computer- und Magnetresonanztomographie sind im Keller.
- Die Intensivstation ist im fünften Stock.
- Die Personalabteilung und die Verwaltung sind im Nebengebäude.

Orientierungshilfe in der neuen Stadt / im Land erfragen

■ Wo kann/muss ich mich anmelden?
□ Das Rathaus/Bürgerhaus/Einwohnermeldeamt ist …
■ Wo finde ich einen Kindergarten?
□ In unserem Viertel gibt es mehrere. Die Adressen bekommst du im Bürgerhaus / im Internet / …
■ Kennst du einen guten Zahnarzt/Kinderarzt/…
□ Ja, da kann ich dir Doktor … empfehlen. Er/Sie ist sehr nett.
■ Gibt es hier eine Kirche mit Gottesdienst in kroatischer/… Sprache?
□ Ja, in der Stadt gibt es eine kroatische/… Kirchengemeinde.
■ Gibt es in der Stadt auch ein Ausländeramt?
□ Ja, wir haben eine Extraberatungsstelle für Ausländer in …
■ Wo kann ich einen Deutschkurs finden?
□ Bei uns in der VHS, das heißt Volkshochschule, aber es gibt auch mehrere private Schulen.
■ Wo ist denn abends oder am Wochenende (et)was los?
□ In unseren Stadtmagazin findet man die besten Events und Adressen. Im Moment ist der …-Club ganz „in“/angesagt.
■ Gibt es hier auch Flohmärkte?
□ Ja, jede Woche. Die Termine und Adressen findest du im Wochenblatt. Das kommt kostenlos in deinen Briefkasten.
■ Wo kann ich mein Auto / meinen Roller anmelden?

□ Erst braucht man eine Versicherungskarte, dann muss man zur Zulassungsstelle / ins Rathaus / aufs Landratsamt / ... gehen.
■ Gibt es hier einen Laden mit portugiesischen/... Spezialitäten?

P

Patienten nach dem allgemeinen Befinden befragen

■ Wie geht es Ihnen?
■ Wie fühlen Sie sich heute?
■ Fühlen Sie sich wohl/unwohl/gesund/krank/... ?
■ Was tut Ihnen weh?
■ Was haben Sie für Beschwerden?
■ Haben Sie Schmerzen und wo?
■ Was ist passiert?
■ Was führt Sie zu uns?

Patienten nach dem körperlichen Befinden fragen

■ Können Sie so gut liegen/sitzen?
■ Schmerzt die Wunde / das Bein / ... noch?
■ Vertragen Sie die Tabletten / die Infusion / ...?
■ Kommen Sie mit dem Gehwagen / der Gehhilfe / dem Hörgerät / ... zurecht?
■ Haben die Tabletten / das Schmerzmittel / die Wärmflasche geholfen?
■ Ist Ihnen noch schwindelig/übel/...?
■ Haben Sie noch Probleme beim Wasserlassen / mit dem Stuhlgang / mit der Schulter / ...?
■ Fühlen Sie sich heute besser / fitter / immer noch müde?
■ Möchten Sie ein paar Schritte gehen / sich bewegen / sich hinlegen / etwas ausruhen?
■ Sind Sie manchmal schmerzfrei?
■ Gibt es einen Auslöser für die Schmerzen, z.B. eine bestimmte Nahrung/Bewegung?
■ Können Sie sich vorstellen, was die Schmerzen verursacht hat?
■ Gibt es etwas, was die Schmerzen lindert/vermindert oder verschlimmert/verstärkt, z. B. Kälte/Wärme oder Stehen/Liegen?

- Was verbessert/verschlechtert Ihre Schmerzen?
- Nehmen Sie etwas gegen die Schmerzen?
- Haben Sie Medikamente gegen die Schmerzen eingenommen?

Patienten an eine andere Station übergeben

- Unsere Patientin Frau Meier soll heute zu euch verlegt werden. Wann können wir sie bringen?
- Hallo, hier Schwester Maria. Wann sollen wir Herrn Braun schicken? Er soll zu euch verlegt werden.
- Hallo. Ich bringe hier Herrn Braun.
- Hier ist die Patientenakte / die Kurve / seine Medikation für heute. Hier sind seine Röntgenbilder.
- Im Koffer / In der Tasche sind seine persönlichen Dinge.
- Der Patient kam zu uns mit Ulcus cruris / Schädelhirntrauma (SHT) / …
- Der Patient war/lag bei uns eine Woche / drei Tage stationär wegen …
- Der Patient kommt zu euch mit (V. a.) Herzrhythmusstörungen/ Bandscheibenprolaps/…
- Der Patient hat seine Medikation für heute Morgen erhalten.
- Der Patient ist mobil / braucht Hilfe beim … / ist mobilisiert / …
- Der Patient benötigt einen Rollstuhl / eine Gehilfe.
- Der Patient hat einen Dauerkatheter (DK/ZVK/…).

Patientenneuaufnahmen vorstellen

- Das ist Frau Kremer, sie ist gestern mit Appendizitis / … zu uns gekommen.
- Die Patientin klagt / berichtet / gibt an …
- Herr Meier wurde gestern mit Verdacht auf (V. a.) Pneumonie bei uns aufgenommen/eingeliefert.
- Bisher haben wir folgende Untersuchungen gemacht: …
- Wir haben intravenös … verabreicht/gegeben.
- Die Röntgenaufnahme zeigt / lässt erkennen, dass …
- Die Laborergebnisse weisen auf … hin / lassen … vermuten.
- Es stehen noch Sonographie/MRT/… aus.
- Weitere Untersuchungen wie … sind für heute/morgen geplant.

- Das MRT/Schädel-CT / die Laborwerte war/waren unauffällig / ohne Befund (o.B.).
- Die Befunde ergeben keine Hinweise auf ...
- Herr Müller ist gestern an ... operiert worden.
- Der Patient wurde gestern Nachmittag von der Inneren (Abteilung) zu uns verlegt.
- Herr Müller ist wach / orientiert / ansprechbar / noch leicht desorientiert / sehr unruhig /...

persönliche Erfahrungen im neuen Land ansprechen

- Ich finde ...
- Mir ist aufgefallen, dass ...
- Ich habe bemerkt/beobachtet, dass ...
- Ich habe den Eindruck, dass man hier ...
- Ich habe die Erfahrung/Beobachtung gemacht, dass man in Deutschland / Österreich / in der Schweiz ...
- Man kann aber nicht sagen, dass alle Österreicher/Deutschen/ Schweizer ...
- Entschuldigung, ich bin nicht so genau informiert, wie ist das in D A CH?
- Gibt es große Unterschiede zwischen dem Norden und dem Süden / ... in Ihrem Land?
- Also, an das Essen / das Wetter / ... muss man sich erst gewöhnen.
- Am schwersten ist für mich ..., da muss ich mich sehr umgewöhnen.
- Die Umstellung ist für mich ganz leicht, weil es in ... sehr ähnlich ist / bei uns fast gleich ist.
- Ich denke oft an zu Hause / meine Heimat, weil ich das Essen / die Familie / ... vermisse. Dann habe ich etwas Heimweh / Dann bin ich ein bisschen traurig.
- Ich bin eigentlich nicht so empfindlich/kleinlich, aber manchmal finde ich, es gibt zu viel Bürokratie.
- Auf die Situation bin ich ganz gut vorbereitet.

persönliche Patientendaten erfragen

- Guten Tag, ich bin ... Ich möchte Ihnen einige Fragen für den Aufnahmebogen stellen. / Ich möchte gerne mit Ihnen das Aufnahmegespräch führen.
- Sind Sie bereit für das Gespräch?
- Wie heißen Sie?
- Wie ist Ihr Vorname/Familienname/Nachname?
- Wo wohnen Sie
- Wie ist Ihre Adresse?
- Wie ist die Postleitzahl?
- Wie ist Ihre Telefonnummer?
- Wann und wo sind Sie geboren? Wie alt sind Sie?
- Welche Nationalität haben Sie?
- Welche Konfession haben Sie?
- □ Ich bin katholisch/evangelisch/konfessionslos/...
- Wie ist Ihr Familienstand?
- □ Ich bin ledig / verheiratet / geschieden / verwitwet / getrennt lebend.
- Haben Sie Kinder?
- Welchen Beruf haben Sie / üben Sie aus?
- □ Ich bin Lagerist/Verkäuferin/... .
- □ Ich bin im Ruhestand. / Ich bin Rentner.
- □ Ich bin zur Zeit (z. Zt.) arbeitslos.
- Wer ist Ihr Arbeitgeber? / Wo arbeiten Sie?
- Wie heißt Ihr Hausarzt? Haben Sie seine Telefonnummer?
- Haben Sie einen Betreuer?
- Leben Sie allein?
- Wen sollen wir im Notfall anrufen?
- □ Meine Frau ... unter der Nummer ...

Pflegemaßnahmen anordnen

- Schwester Carla, wir müssen ein 24-Stunden-Langzeit-EKG machen.
- Bitte kontrollieren Sie ab jetzt den ...-Wert.
- Herr Mey soll ab sofort 3 x täglich ... bekommen.
- (Pfleger) Paul, mobilisieren Sie den Patienten bitte 2 x täglich.

- Bitte einmal täglich Verbandswechsel (VW) durchführen.
- Patientin erhält bei Bedarf (b. B.) 20 Tropfen Tramal®.
- Machen Sie bitte morgen einen ZVK-Verbandswechsel und messen Sie 1 x tgl. ZVD.
- Der Dreiwegehahn und das Infusionssystem bei Frau K. müssen noch gewechselt werden.
- Bitte legen Sie bei Herrn ... ein Ein- und Ausfuhrprotokoll an.
- Herr ... wird die nächsten drei Tage bilanziert.
- Bitte machen Sie heute bei Frau ... einen Katheterwechsel.
- Bitte bei Herrn M. am 12. postoperativen Tag die Fäden/ Klammern ex (entfernen).
- Frau Raub soll ab heute 2 x tgl. mit NaCl 0,9% inhalieren.
- Die Magensonde / Der ZVK kann heute Abend gezogen werden.

Probleme im Team ansprechen

- Entschuldigung, aber ich habe das nicht verstanden / ich habe da ein Problem.
- Hast/Hättest du mal einen Moment Zeit für mich, ich würde gern über ... reden.
- Ich habe den Eindruck / das Gefühl, dass wir einmal über ... reden sollten.
- Mir kommt es manchmal/oft/öfter so vor, dass ...
- Wenn wir miteinander arbeiten/sprechen, bin ich manchmal überrascht/verunsichert/irritiert/verärgert, weil ...
- Ich weiß, dass ich noch nicht so gut Deutsch spreche, du kannst mich gern korrigieren, wenn ich etwas Falsches sage.
- Ist es richtig, dass man in D A CH / bei Ihnen/euch ...?
- Die Deutschen/... haben wohl manchmal die Gewohnheit, ihre Position / ... sehr direkt zu formulieren. Das klingt für uns ... manchmal etwas arrogant/störend/unfreundlich.
- Entschuldigung, vielleicht war es nicht so gemeint, aber das hat mich sehr getroffen/verletzt/gestört.
- Ich weiß nicht genau, wie es hier abläuft, aber wenn man Probleme im Team hat, soll man das besser offen/sofort ansprechen. Oder nicht?
- Wenn man etwas kritisieren möchte, würde man das in meinem Heimatland sofort / nicht sofort / direkt / nicht / offen ansprechen.

- Maria, du bist meine beste Kollegin hier. Was meinst du, soll ich das direkt mit … klären oder erst die Stationsleitung fragen?
- Ich verstehe deine Meinung/Kritik gut, aber …
- Ich bin ein bisschen enttäuscht davon, dass …
- Ich kenne das zwar auch, aber da bin ich anderer Meinung.
- Du hast / Sie haben da völlig recht, aber …

Prophylaxe: Prophylaktische Maßnahmen erklären und begründen

- Frau Philipp, Sie müssen ab jetzt medizinische Thromboseprophylaxestrümpfe (MT-Strümpfe) tragen, um eine Thrombose zu verhindern / um einer Thrombose vorzubeugen.
- Frau Graf, wir spritzen Ihnen ab heute einmal täglich Heparin® subcutan in den Bauch / in den Oberschenkel, damit Sie keine Thrombose bekommen.
- Ich möchte Ihnen (Ihr) Heparin spritzen. Machen Sie bitte den Bauch frei. Zuerst desinfiziere ich Ihre Haut mit einem Spray. Es wird kurz kalt. Jetzt pikst es ein bisschen.
- Herr Meier, wir drehen/lagern Sie jetzt auf die rechte Seite, um den Druck auf Ihr Gesäß / Ihre Schulter zu entlasten.
- Verändern Sie bitte immer wieder Ihre Position im Bett / Machen Sie bitte häufig kleine Körperbewegungen, damit Sie kein Druckgeschwür bekommen / sich nicht wundliegen.
- Wir stellen Ihr Kopfteil höher, damit Sie leichter atmen können.
- Bitte atmen Sie tief ein und aus. Noch einmal und ein drittes Mal. Dies ist wichtig, damit Sie keine Lungenentzündung bekommen.

Protokolle am Computer erstellen

- Emil, ich erkläre dir jetzt einmal das Formular / das Sturzprotokoll / … , wie du es am PC/Computer eingeben musst.
- Da gibt es Pflichtfelder, die du immer ausfüllen musst, und halboffene und offene Einträge.
- Halboffene Einträge sind Einträge mit ein bis fünf Wörtern, z. B. „beim Toilettengang".
- Zu den Pflichtfeldern gehören Patientennamen, Datum, Uhrzeit.
- Bei manchen Fragen hast du eine Auswahl, da musst du nur etwas anklicken. Das sind die Checkboxen.

- Manchmal musst du etwas frei/zusätzlich eintragen wie z.B. den genauen Sturzhergang. Das ist dann ein Freitext.
- Wenn es Zeugen gibt, müssen die namentlich genannt werden.
- Natürlich muss auch der Patient / die Bewohnerin zu dem Vorgang befragt werden.
- Am Schluss müssen die Folgen und die eingeleiteten Maßnahmen beschrieben werden: Wie wurde der Patient gelagert/verbunden/geröntgt/...
- Am Schluss des Formulars muss das Namenskürzel stehen. Das wird durch das/dein Passwort bestätigt/signiert/...
- Wenn du etwas / ein Pflichtfeld vergessen hast, erscheint ein rotes Warnfeld.
- Das musst du dann noch ausfüllen und mit Okay bestätigen.
- Dann musst du das ganze Formular speichern und ausdrucken.
- Falls du etwas korrigieren willst, musst du den Text überschreiben / den Eintrag löschen.

Q

Qualitätsmanagement

- Die Formulare für die Fehlerstatistiken liegen in der Verwaltung.
- Die Hygiene wird laufend überprüft und die Mitarbeiter geschult.
- Die Heimaufsicht und der MDK überprüfen laufend die Zufriedenheit der Bewohner und klären, wenn es mehrfach Beschwerden gibt.

R

Rechtliche Situationen erklären

- Herr Mirow, wir haben jetzt alle Untersuchungen gemacht und denken, dass wir Sie morgen operieren werden. Dazu brauchen wir aber Ihr Einverständnis.
- Sind Sie mit der Operation einverstanden?
- Wenn Sie keine Fragen mehr haben, dann müssten Sie hier bitte die Einverständniserklärung zur Untersuchung / zur OP unterschreiben.

- Möchten Sie wegen der Behandlung erst noch einmal mit Ihren Angehörigen sprechen?
- Haben Sie eine Patientenverfügung?
- Haben Sie noch Fragen zu ...?
- Haben Sie alles verstanden?
- Gibt es etwas, was Sie nicht verstanden haben / was ich Ihnen noch mal genauer erklären soll?
- Sie können sich gerne eine zweite Meinung bei einem Kollegen einholen.

S

Schichtübergabe

- Auf Zimmer 322 liegt ein Neuzugang, Herr Ming, 68 Jahre alt, mit Prostatakarzinom.
- Auf Zimmer 321 liegt Herr Maier. Er kam gestern zu uns mit V. a. Pneumonie.
- Er/Sie braucht Hilfe beim Waschen/Aufstehen/...
- Frau Kahler von Zimmer 7 hat heute Vormittag zweimal erbrochen.
- Herr Kraft auf Zimmer 342 muss heute Nachmittag zum CT-Abdomen. Der Hol- und Bringdienst ist für 14.00 Uhr bestellt.
- Für Frau Janosch auf Zimmer 3 ist das Labor bereits gerichtet.
- Könntet ihr bitte noch Herrn Wahrig auf Zimmer 2 waschen.
- Frau Ehrhard wurde heute am Waschbecken mobilisiert. Sie war aber noch etwas schwach und braucht weiterhin Unterstützung.
- Herr Roland auf Zimmer 5 ist noch nüchtern. Die OP wurde auf den Nachmittag verschoben.
- Frau Auer fühlt sich heute nicht wohl. Sie klagt über Schwindel. Der Blutzucker war normal. Blutdruck 115 zu 80.
- Herr Altmaier wollte heute nichts essen. Er hatte keinen Appetit.
- Herr Günther klagte beim letzten Durchgang über Kopfschmerzen. Vitalzeichen unauffällig. (Der) Doktor hat 500 mg Aspirin angeordnet.
- Frau Mehrig bekam zur Nacht (z. N.) 20 Tropfen Tramal® gegen Ihre Schmerzen / 10 mg Adumbran® zum Schlafen.
- Die Medikation bei Frau Kohler wurde umgestellt. Sie bekommt ab sofort ...

- Bei Herrn Auer wurden die Klammern entfernt.
- Bei Herrn/Frau ... wurde ein Verbandswechsel (VW) gemacht. Die Wundränder sind leicht gerötet. Die Wunde ist trocken.
- Frau Wohl wird heute entlassen. Sie wird von ihren Angehörigen abgeholt.

das „schwere Gespräch"

- Herr Weiß, leider haben die letzten Untersuchungen gezeigt, dass ...
- Sie wissen wahrscheinlich selbst schon, dass es nicht so gut um Sie steht.
- Sie wissen, dass jede Operation ein Eingriff ist und den Körper belastet.
- Leider sind die Aussichten nicht so gut.
- Haben Sie eine Patientenverfügung/Betreuungsvollmacht?
- Es tut mir wirklich sehr leid, aber ich muss Ihnen ehrlicherweise mitteilen, dass ...
- Ist es Ihnen lieber, wenn jemand aus Ihrer Familie dabei ist, oder sollen wir zu zweit sprechen?

Sicherheits- und Warnhinweise, Rote Liste

- Alle Medikamente haben einen Beipack-/Waschzettel.
- Die Sicherheits- und Warnhinweise gelten für alle Mitarbeiter.
- In der Roten Liste findet man alle Informationen zu den Medikamenten.
- Es wurden manchmal bestimmte/geringe Nebenwirkungen beobachtet.
- Aufbewahrung (wie wird das Medikament gelagert): Das Medikament darf nicht über 25 Grad gelagert werden.
- Der Impfstoff muss kühl/dunkel gelagert werden.
- Die Salbe soll man nach Anbruch / nach dem Öffnen nicht länger als 4 Wochen verwenden.

Sozialleistungen, Freizeit und Urlaub erfragen

- ■ Gibt es noch andere Sozialleistungen?
- □ Ja, das ist eine Privatklinik, wir haben die Möglichkeit, uns kostenlos behandeln zu lassen, auch unsere Angehörigen und der Dienstplan sind gut.
- □ Wir bekommen auch einen Bonus und haben einen eigenen Kindergarten.
- ■ Wie sieht es bei Euch mit den Arbeitsbedingungen aus?
- □ Die sind Standard, leider gibt es wenig Sozialleistungen, aber das Arbeitsklima ist gut, nicht so stressig und die Kollegen sind sehr nett.
- ■ Gibt es noch andere Vorteile?
- □ Ja, die Klinik / … hilft bei allen Fragen, bei der Anmeldung, bei der Wohnungssuche usw.
- ■ Auf was soll ich noch achten, wenn ich über den Vertrag spreche?
- □ Ich würde über die Urlaubsregelung und die Anerkennung der Berufserfahrung sprechen. Vielleicht werden dir die fünf Jahre Erfahrung angerechnet, dann wirst du höher eingestuft.
- ■ Wie viele Tage Urlaub habe ich?
- □ Bei uns sind das 30 Tage.
- ■ Was ist mit den Überstunden?
- □ Die werden in der Regel mit Freizeit ausgeglichen/ausbezahlt/…
- ■ Wie viele Wochenenddienste gibt es pro Monat?
- □ Das hängt vom Dienstplan ab, aber in der Regel sind es zwei.

sprachliche Probleme ansprechen

- ■ Entschuldigung, das habe ich nicht genau verstanden.
- ■ Was verstehen Sie / verstehst du unter …?
- ■ Was meinen Sie / meinst du mit …?
- ■ Wie sagt man das auf Deutsch?
- ■ Ist es richtig, dass … so viel wie … bedeutet?
- ■ Ist es in etwa das Gleiche wie … in meiner Sprache / in meinem Land?
- ■ Haben Sie für Brötchen/Semmel/Schrippe in Österreich ein anderes Wort?
- ■ Kann es sein, dass man im Norden … und im Süden … sagt?

- Das Wort … ist heute etwas veraltet, heute sagen wir …
- … ist der Fachbegriff, aber bei uns in der Klinik sagen alle …
- In diesem Zusammenhang passt … besser.

Sturzprotokolle verfassen

- Frau Emig ist gestürzt, wir müssen ein Sturzprotokoll anlegen.
- Frau Emig ist unsicher/desorientiert/dement/…
- Sie muss nachts oft aufstehen / unterschätzt die Wirkung der Medikamente / macht nachts kein Licht an / …
- Frau Emig hat sich die Hand / den Oberschenkelhalsknochen / … gebrochen.
- Sie hat den Notruf / die Notklingel noch erreicht.
- Nach dem Namen des Patienten/Bewohners muss das Datum und die Uhrzeit eingetragen werden.
- Dann folgen Informationen über die Situation, z.B. nachts beim Toilettengang / …
- Waren andere Personen beteiligt oder gibt es Zeugen, hat den Sturz noch jemand gesehen?
- Wie war die Umgebung? War der Boden nass, das Bett nicht gesichert/…?
- Wo ist der Sturz passiert? Auf der Toilette / im Bad / …?
- Hat sich Frau Emig verletzt / etwas gebrochen / …?
- Welche Maßnahmen hast du nach dem Sturz ergriffen?
- War Frau Emig sturzgefährdet / war sie vorher sicher / schon unsicher / …?
- Muss Frau Emig in Zukunft besser fixiert werden? Braucht Sie ein Pflegebett / einen Rollator / eine Gehhilfe / …?

T

Tabus und Tabuwörter klären

- Entschuldigung, aber das Wort … ist sehr umgangssprachlich, bei uns / hier sagt man besser …
- Statt … würde/sollte man besser … sagen.
- Um das auszudrücken, sagt man besser …
- Dieses Wort würde ich hier lieber nicht gebrauchen, hier sagt man …

- Den Ausdruck kann man vielleicht im Freundeskreis benutzen, hier sagt man besser ...
- Entschuldigung, ich weiß nicht, wie ich das gegenüber der Patientin sagen soll.
- Was rätst du / raten Sie mir, was soll ich machen/sagen, wenn ...
- Es ist mir ein bisschen / sehr unangenehm, aber ich muss das Thema ... ansprechen.
- In meiner Heimat/Kultur ist das ein großes Tabu, wie ist das hier?
- Es tut mir leid, aber ich muss jetzt ein sehr ernstes Thema ansprechen.
- Dieses Thema ist in meiner Heimat / in Deutschland tabu, d.h. man spricht es besser nicht an.
- Über solche Themen sprechen wir eigentlich nur mit guten Freunden / ...

Telefonate mit Angehörigen nach einer Einlieferung

- □ Guten Tag, hier ist Frau Endres. Meine Mutter ist gestern operiert worden. Ich möchte nachfragen, wie es ihr geht. Sie liegt auf Station 4.
- ■ Einen Moment, ich verbinde Sie mit dem Arztzimmer auf der 4.
- ■ Dr. Gruber, Station 4.
- □ Hier Endres, ich wollte mich erkundigen, wie es meiner Mutter geht. Ist sie schon aufgewacht?
- ■ Ihre Mutter ist schon wieder wach / schläft noch. Ihr geht es den Umstanden entsprechend / gut / noch nicht so gut / ...
- □ Kann ich Sie heute schon besuchen?
- ■ Sie können heute Nachmittag kommen , aber kommen Sie bitte zunächst allein, sie braucht noch etwas Ruhe.

- □ Guten Tag, hier ist Kahle. Wie geht es meinem Sohn? Haben Sie schon einen Befund / ein Ergebnis?
- ■ Augenblick bitte – im Moment noch nicht, ich werde aber gleich im Labor nachfragen / im PC nachsehen.

- □ Guten Tag, hier ist Hofer. Könnte ich bitte Dr. Erhard sprechen?
- ■ Leider nicht, er ist gerade auf Visite / im OP / .... Kann er sie zurückrufen? / Kann ich etwas ausrichten? / Um was geht es bitte?

- □ Ich wollte mich erkundigen, wann mein Vater, Hans Hofer, entlassen wird / in die Reha kommt / …
- ■ Das kann ich Ihnen nicht sagen, bitte rufen Sie später, nach 14 Uhr noch einmal an. / Da darf ich Ihnen keine Auskunft geben, das müssen Sie direkt mit den Ärzten klären.

- □ Guten Abend, hier ist Roth, meine Tochter ist heute bei Ihnen eingeliefert worden. Was ist denn passiert?
- ■ Ihre Tochter hatte einen Autounfall, es geht ihr aber soweit gut.
- □ Können Sie mir nichts Genaueres sagen?
- ■ Ich kann/darf Ihnen leider keine genauere Auskunft geben, da müsste ich Sie mit der diensthabenden Ärztin verbinden.
- □ Danke, das wäre sehr nett.

Telefonate beenden

- ■ Auf Wiederhören! Tschüss! / Bis gleich! / ….
- ■ Vielen Dank für Ihren Anruf.
- ■ Danke für die Information.
- ■ Danke für Ihre Hilfe.
- ■ Ich habe Ihr Anliegen / Ihre Meldung / Ihren Wunsch notiert und werde es/sie/ihn weiterleiten.
- ■ Bitte versuchen Sie es später noch einmal.
- ■ Das haben wir geklärt, können Sie die anderen Fragen bitte schriftlich per E-Mail reinschicken.
- ■ Das mag sein, aber diese Fragen sollten wir nicht am Telefon besprechen, sondern in einem persönlichen Gespräch klären.
- ■ Ich melde mich nächste Woche / morgen / … wieder bei Ihnen.

Telefonieren: sich melden, weiterverbinden

externe Telefonate

- ■ Klinikum Waldstraße, Wagner, Rezeption.
- ■ Guten Tag, hier ist Schwester Naomi, Station 3.
- ■ Gefäßchirurgie, Station 3, Pfleger Karl, guten Morgen.
- ■ Seniorenresidenz Bergheim, mein Name ist Höfl. Wie kann ich Ihnen helfen?
- ■ Pflegedienst Fröhlich, Sie sprechen mit Pfleger Emil. Was kann ich für Sie tun?

- □ Können Sie mich bitte mit der Stationsärztin verbinden?
- ■ Einen Moment bitte, ich verbinde.
- ■ Frau Dr. Becker ist gerade nicht am Platz, kann sie Sie zurückrufen?
- ■ Bitte geben Sie mir Ihre Nummer. / Unter welcher Nummer sind Sie erreichbar?
- □ Unter der 0811 23 43 57.
- ■ Ich wiederhole, Ihre Nummer ist null-acht-eins-eins zwei-drei vier-drei fünf-sieben.
- □ Richtig!
- ■ Frau Dr. Becker ist nicht am Platz, Sie hat die Durchwahl -11. Sie können es gern später noch einmal versuchen.
- ■ Der Apparat von Frau Dr. Becker ist gerade besetzt / Frau Doktor Becker spricht gerade, wollen Sie warten oder später noch einmal an rufen?
- □ Guten Morgen, hier Mayer. Meine Mutter ist gestern bei Ihnen eingeliefert worden. Können Sie mir sagen, auf welcher Station sie liegt?
- ■ Wie heißt Ihre Mutter mit Vornamen?
- □ Anna Mayer, Mayer mit a und Ypsilon, und e Er am Schluss.
- ■ Ihre Mutter liegt auf der Inneren (Station 3), Zimmer 324. Moment, ich verbinde Sie erst einmal mit dem Stationszimmer.
- ■ Soll ich Sie verbinden?

- □ Guten Tag, hier ist Büding. Könnte ich bitte den Stationsarzt Dr. Groß sprechen?
- ■ Tut mir leid, der ist heute nicht im Haus. Wollen Sie eine Nachricht für ihn hinterlassen?
- □ Gern, bitte notieren Sie, dass er mich morgen zurückrufen soll. Ich möchte ihn fragen, wann meine Mutter voraussichtlich entlassen wird / ob meine Mutter in eine Reha kommt / wie …
- ■ Gern, bitte geben Sie mir Ihre Nummer. Oder ist das die, die ich auf dem Display sehe: 85 73 445?
- □ Ja, das ist sie. 85 73 445.
- ■ Ich wiederhole 85 73 445.
- □ Danke! Auf Wiederhören!

- ■ Seniorenheim Marta Maria, ... (Name), was kann ich für Sie tun?
- □ Ich möchte gern mit jemandem aus der Verwaltung sprechen.
- ■ Ich verbinde / Ich stelle Sie mal durch.
- ■ Hören Sie, dort meldet sich gerade niemand, wollen Sie es später noch einmal versuchen oder sollen wir zurückrufen? Dann geben Sie mir bitte Ihre Nummer.

- ■ Guten Tag, Frau Kurz. Klinikum Bonn, Chirurgische Abteilung, Doktor Becker. Sind Sie die Tochter von Emma Kurz? / Spreche ich mit Frau Kamp / der Tochter von ...?
- ■ Guten Morgen, hier spricht Doktor Kempter von der Kardiologie. Könnte ich bitte den diensthabenden Chirurgen/Kollegen der Chirurgie sprechen.

telefonisch Fragen beantworten, nachfragen, Verständigung sichern

- □ Spreche ich mit dem Waldklinikum?
- ■ Ja, hier ist das Waldklinikum Gauting, Müller am Apparat. Was kann ich für Sie tun?
- □ Kann ich bitte meine Tante, Frau Frei, sprechen?
- ■ Gern, geben Sie mir bitte noch den Vornamen, dann kann ich Sie verbinden.

- □ Mit wem habe ich gesprochen?
- ■ Mit Frau Ludstein von der Sozialberatung / ....

- □ Hier Nesterenko. Ich möchte gern meinen Bruder sprechen, Herrn Dimitrov, er liegt bei Ihnen im Krankenhaus.
- ■ Wie heißt Ihr Bruder?
- ■ Können Sie das buchstabieren / Wie schreibt man das?
- □ (gesprochen) De I eM I Te eR O Vau, D I M I T R O V.
- ■ Verstanden. Ich verbinde Sie mit seinem Zimmer, die Durchwahl ist -345.
- □ Danke und auf Wiederhören!

(s.a. Buchstabiertafel S. 215f.)

Manchmal wird das Gespräch unterbrochen oder man hat etwas nicht ganz verstanden, dann muss man nachfragen:

- ■ Wie bitte? Können Sie das bitte noch einmal wiederholen?

- Können Sie das bitte / die letzten Zahlen / den letzten Wert / … noch einmal wiederholen.
- Können Sie bitte etwas lauter/langsamer/deutlicher sprechen.
- Nicht so schnell bitte, ich muss das notieren.
- Habe ich Sie richtig verstanden? Sie sagten …

- Also, der Hb ist 13 und die Thrombos 280.000.
- □ Ja, richtig/genau.
- Ich glaube, wir haben uns missverstanden, meinen Sie …

- Die Leitung / Die Verbindung war gerade unterbrochen. Also noch einmal …
- Mit wem habe ich gesprochen?
- Können Sie das bitte buchstabieren.
- Ich buchstabiere: eN, I, E, eM, eL , A-Umlaut, eN, De, eR, Niemländer.

telefonisch den Haus-/Beleg-/Notarzt rufen

- Praxis Dr. Berg, Maria am Apparat.
- □ Guten Tag, hier ist Schwester Svetlana von der Seniorenresidenz Bergheim. Können Sie bitte Frau Dr. Arnold sagen, dass sie morgen bei uns vorbeischaut.
- Mach' ich, die Frau Doktor kommt dann morgen zu Ihnen ins Haus. Um 14 Uhr.
- □ Gut, danke, dann informiere ich die Wohnbereiche/Abteilungen.

- Rettungsleitstelle Nord, Pfister.
- □ Pflegedienst Oberländer, Pfleger Emil. Wir sind gerade in der Wohnung von Frau Müller. Sie ist gestürzt und es besteht der Verdacht auf Oberschenkelhalsbruch. Wir brauchen dringend einen Notarzt/Rettungswagen.
- Okay. Wir schicken sofort einen. Wohin soll er kommen?
- □ In die Gartenstraße 14, 2. Stock bei Müller. Wir warten und versorgen Frau Müller bis dahin.

telefonisch eine Nachricht hinterlassen

Oft kann man den gewünschten Gesprächspartner nicht direkt erreichen. Dann hört man z. B. folgenden Text:

Hier ist der Anrufbeantworter / die Mailbox von Thomas Müller. Ich bin im Moment nicht erreichbar, Sie können mir aber gern eine Nachricht hinterlassen. Ich rufe Sie dann umgehend zurück.

Als Antwort ist möglich:

■ Hier ist Melanie Meier, meine Telefonnummer ist 089 13 44 56 27. Bitte rufen Sie mich baldmöglichst zurück. Es geht um …

Manchmal wird auch eine E-Mail-Adresse als Kontakt angegeben, z.B.: Sie können mich auch per E-Mail erreichen, die Adresse ist: th.mueller@bayern.de (gesprochen: Te-Ha-Punkt-eM-U-E-Doppel-el-E-eR-@=et-Be-A-Ypsilon-E-eR-eN-Punkt-De-E – alles klein geschrieben).

telefonisch ein Transportteam, ein Taxi, Ware bestellen

■ Hier Schwester Nataliya, Seniorenresidenz Bergheim. Wir möchten ein Taxi bestellen. Können Sie uns in zehn Minuten eins schicken? Die Adresse ist Waldstraße 22.
□ Gern, das Taxi kommt in zehn Minuten.
■ Danke, bitte melden Sie sich an der Rezeption.

■ Sanitätshaus Dorfner. Florian Dorfner am Apparat.
□ Ambulanter Pflegedienst, Pfleger Emil. Wir bräuchten wieder Inkontinenzvorlagen Größe M für Frau Müller, in der Gartenstraße 4.
■ Wie viele Pakete brauchen Sie?
□ Bitte liefern Sie drei Pakete.
■ Machen wir gerne, die Lieferung kommt am Mittwochvormittag.

■ Station 6, Pfleger Thomas am Apparat. Wir bräuchten dringend noch vier Kartons Ringerlösung. Können Sie die heute noch bringen?

■ Hallo, hier Schwester Maria von der Inneren, Station 2. Wir bräuchten einen Patientenbegleitdienst um 14.00 Uhr für Frau Meier. Sie muss im Rollstuhl zum …

■ Hallo, hier die Urologie Männer, Pfleger Luis. Wir brauchen für 15.00 Uhr einen Hol- und Bringdienst ins Labor.

- Guten Morgen, Klinikum Mannheim, Gynäkologie, Station 4. Ich möchte für 10.00 Uhr einen Krankentransport liegend/sitzend nach Freudenstadt bestellen.

telefonisch Werte erfragen und notieren

- ■ Hallo Svetlana, was hat denn Frau Müller jetzt für einen Blutdruck?
- □ Zuletzt 170 zu 95.
- ■ Oh, der ist hoch, habe ich dich richtig verstanden, 170 zu 95?
- □ Ja, richtig.

Termine und Untersuchungen vereinbaren

- ■ Hallo, hier Schwester Ana von der Station 3. Wir bräuchten für unsere Patientin, Frau Müller, einen Termin für einen Röntgen-Thorax *(bj.)*. Wann könnt Ihr das machen?
- □ Im Moment nicht, aber in einer Stunde, also um 10 Uhr.
- ■ Gut, dann schicken/bringen wir sie um zehn zu euch. Wiederhören.

- ■ Hier Schwester Nataliya, Seniorenresidenz Bergheim. Unser Herr Feist ist aus der Reha zurück und braucht jetzt regelmäßig Krankengymnastik. Wann könnte jemand vorbeikommen?
- □ Moment, ich sehe mal nach. Ja, die Sonja / Frau ... kommt dienstags zu euch ins Haus, sie könnte Herrn Feist um 15 Uhr übernehmen.
- ■ Schön, dann merke ich das vor / dann notiere ich, Dienstag 15 Uhr. Danke!

- ■ Hallo, Unfallambulanz, Pfleger Emil. Wir haben gerade einen Motorradunfall reinbekommen, Schädelverletzung. Wir brauchen dringend ein Röntgen/Kernspint ...
- □ Ja, kommt gleich/sofort rüber, wir bereiten alles vor.

- ■ Guten Morgen, Schwester Maria von der Gynäkologie. Unsere Patientin, Frau Schäfer, soll heute zu euch verlegt werden. Wann können wir sie bringen?
- ■ Guten Abend, Pfleger Luis von der Ambulanz. Wir bringen euch gleich Herrn Möller mit V.a. Nierensteine.

Übergabe nach der OP

- Bei Herrn Schumann wurde eine radikale inguinale Orchiektomie bei (einem) Hoden-Karzinom/... gemacht.
- Die OP wurde in Vollnarkose durchgeführt.
- Patient ist wach, ansprechbar und orientiert.
- Während der OP gab es keine besonderen Vorkommnisse. Patient bekam 500 ml Eigenblut/Fremdblut.
- Die OP hat von ... bis ... gedauert.
- Der Patient ist/war während der OP kreislaufstabil.
- Er hatte eine hypo-/hypertone Phase und bekam ... i.v.
- Blutdruck, Puls, Temperatur und Atmung waren unauffällig.
- Der Hb-Wert war post-OP ...
- Die Blutgasanalyse war unauffällig / in Ordnung.
- Er hat einen Abbocath rechts / eine Braunüle links / einen zentralen Venenkatheter (ZVK) rechts / einen Dauerkatheter (DK) / eine Magensonde / eine Redon-Drainage rechts/links.
- Verband ist trocken/unauffällig/leicht durchgeblutet.
- Er hat noch keinen / hat bereits Spontanurin gelassen.
- Gegen die Schmerzen hat er 1 Ampulle Tramal® in 100ml NaCl erhalten.
- Er hat 500 ml Ringer i.v. erhalten. Infusion und Antibiotikum nach Plan.

Überwachung/Verordnungen postoperativ

- ZVD-Kontrolle/Vitalzeichenkontrolle alle ... Minuten.
- Messen Sie bitte alle ... Minuten/Stunden Blutdruck/Puls/ Temperatur/ZVD/BZ/...
- Ein- und Ausfuhrkontrolle ist bis morgen früh angeordnet.
- Emil, bitte kontrollieren Sie Ausfuhr / die Ausscheidung / die Drainagen / den Wundverband von Herrn Eder.
- Hb/Hkt/BB/BZ/Elektrolyte müssen noch mal um 16.00 Uhr kontrolliert werden.
- Morgen früh soll ein Röntgen-Thorax gemacht werden.
- Bei Bedarf bekommt Patient 30 Tropfen Tramal®.

- Wenn Herr Eder große Schmerzen hat, können Sie ihm ... geben.
- Frau Eberl soll für die Nacht / für die nächsten Tage folgende Medikamente / ... Milliliter ... bekommen.
- Schwester Mira, tragen Sie bitte ... ins Überwachungsprotokoll ein.
- Patient muss bis ... nüchtern bleiben / darf um ... Uhr trinken/ essen.
- Herr Eder darf ab heute Nachmittag wieder etwas trinken. Ab morgen darf er leichte Kost essen.
- Patient hat Bettruhe bis ... / darf am Abend mobilisiert werden.

Untersuchungen anordnen

- Bitte lassen Sie noch eine Röntgenaufnahme / ein CRT, ein kleines Blutbild (BB), ... machen.
- (Schwester) Maria, Herr Müller bekommt ...
- Bitte wechseln Sie den Verband und legen Sie eine neue Drainage.
- Wir müssen uns die Wunde noch einmal ansehen.
- Schwester Marga, wir müssen alle zwei Stunden Blutdruck und Puls kontrollieren.

V

Verabschiedung von Patienten

- Also, Frau Leicht, dann erholen Sie sich weiter gut.
- Gute Besserung! Auf Wiedersehen!
- Falls es später noch Fragen/Probleme/Wünsche gibt, sagen Sie es der Schwester und/oder lassen Sie mich rufen.

Vorstellen – mit Funktion und Ausbildung

- Das ist unser neuer Kollege Pedro.
- Das ist unsere neue Stationsärztin, Frau Doktor Ratiskaya. Sie kommt aus ... .
- Darf ich vorstellen, das ist Monika / Frau Sanchez aus ...
- Ich möchte euch unsere neue Kollegin, Frau ... vorstellen.

- Guten Morgen, ich bin Schwester (Sr.) Monica und komme aus Portugal. Dort habe ich auf der Chirurgie gearbeitet / ein Studium / eine Ausbildung als Intensivpflegerin/... gemacht.
- Das ist Pfleger Marius Fink, er fängt heute im Wohnbereich 5 an.
- Hallo, ich bin Frau Kraus, die neue Gesundheits- und Krankenpflegerin auf Station.
- Guten Morgen, mein Name ist Barbara. Ich bin hier die Stationsleitung.
- Guten Tag, ich bin Frau Maier, die Pflegedienstleitung (PDL).
- Mein Name ist Doktor ..., ich bin der neue Oberarzt/Stationsarzt/Assistenzarzt/Anästhesist/...
- Ich arbeite auf Station 3 und bin Kardiologe/...

W

Waschen

- Herr Götz, können Sie sich selbst waschen oder brauchen Sie Hilfe/Unterstützung?
- Soll ich Ihnen ans Waschbecken helfen?
- Wo haben Sie Ihren Waschlappen / Ihr Handtuch / Ihre Zahnbürste / Ihren Kamm/Rasierapparat / Ihre Hautcreme?
- Bitte waschen Sie sich das Gesicht, die Arme und den Oberkörper.
- Ich wasche Ihnen jetzt den Rücken / die Beine / die Füße.
- Frau Mayer, Sie dürfen sich heute duschen / wir möchten Sie heute baden.
- Herr Bauer, Sie dürfen zum Waschen nicht aufstehen. Sie haben noch Bettruhe, ich bringe Ihnen eine Waschschüssel und helfe Ihnen bei der Körper-/Mundpflege / beim Waschen.
- Ist die Wassertemperatur so angenehm?
- Sie bekommen von mir ein frisches Krankenhaushemd/Flügelhemd.
- Sie können sich nach dem Waschen Ihren Schlafanzug / Ihr Nachthemd / Ihren Bademantel anziehen.

Wegbeschreibungen von Kollegen erfragen und verstehen

- Kannst du mir bitte sagen, wo die Sonographie ist / wie ich zur Sonographie komme?

- □ Geh/Fahr mit dem Aufzug in den dritten Stock, dort ist sie.
- ■ Wo bitte geht's zum Röntgen / zur Röntgenabteilung?
- ■ Wo ist der OP-Trakt?
- ■ Wo finde ich das EKG?
- □ Im zweiten Stock.
- ■ Ist es richtig dass das Labor im Keller ist?
- □ Ja das stimmt.

- ■ Wo ist auf unserer Station der Geräteraum?
- □ Im Gang ganz hinten, neben dem unreinen Raum.
- ■ Wo hat der Chefarzt sein Untersuchungs-/Sprechzimmer?
- □ Das ist im Gang gegenüber.
- ■ Elena, geh mal auf die Eins (das Untersuchungszimmer 1), der Chef ist schon drin.
- □ Hab' ich dich richtig verstanden? Der Chef wartet schon in Raum 1?

Wegbeschreibung für Patienten und Angehörige

- ■ Schwester, ich soll in die HNO (Hals-Nasen-Ohren)-Abteilung. Wie komme ich da hin?
- □ Den Flur entlang durch die Glastür und dann fahren Sie mit dem Lift in den 4. Stock. Dort ist die HNO. Melden Sie sich im Stationszimmer.
- ■ Kann man sich im Haus etwas zu trinken kaufen?
- □ Ja, im Erdgeschoss neben der Cafeteria ist ein Kiosk.
- ■ Wo können wir Angehörige warten, solange die Patienten noch versorgt werden?
- □ Auf jeder Station gibt es einen Warteraum / ein Besucherzimmer oder unten im Erdgeschoss das Cafe.
- ■ Wenn wir noch Fragen zur Reha haben, wohin / an wen können wir uns wenden?
- □ Gehen Sie zum Sozialdienst. Das Büro finden Sie unten im Eingangsbereich neben der Kapelle.
- ■ Wie finde ich den Weg zum Speisesaal / zur Kapelle / ...?
- ■ Wo finde ich hier im Haus die Fußpflege?

Wiedervorstellung eines Patienten beim Arzt nach Medikation

- Was kann ich heute für Sie tun?
- Hat Ihnen das Medikament geholfen?
- Fühlen Sie sich mit den Tabletten besser?
- Wie ist Ihnen das Medikament bekommen?
- Haben Sie die Tabletten / die Spritze gut vertragen?
- Wie geht es Ihnen, seit Sie die Tabletten nehmen?
- Haben Sie Magenprobleme?
- Haben Sie irgendwelche Nebenwirkungen beobachtet?
- Fühlen Sie sich müde/benommen oder haben Sie Übelkeit/ Erbrechen/Durchfall?
- Wenn Sie Fragen haben, können Sie mich gern fragen.
- Haben Sie Fragen zu der Einnahme des Medikaments?
- Wollen Sie erst einmal den Beipackzettel lesen?
- Frau Demmer, sind Sie gegen Penicillin/... allergisch?
- Wir würden gern ein anderes Präparat ausprobieren?

Wunddokumentationen verstehen

- In unserer Universitätsklinik haben wir eine Wundmanagerin auf jeder Station.
- Sie macht die Wunddokumentation und gibt die Daten am PC ein.
- Wir dokumentieren die Exsudatmenge / die Wundflüssigkeit, die Exsudatbeschreibung und den Geruch.
- Wir müssen die Wunde lokalisieren, das heißt die Wundregion angeben und genau beschreiben.
- Die Wunde liegt rechts neben der BWS/Brustwirbelsäule / an der rechten Ferse / am linken Bein vorne / ...
- Die Wunde wird fotografiert und vermessen.
- Bei der Wundvisite wird der Heilungsverlauf der Wunde / der Zustand der Wunde täglich/laufend genau beschrieben/beobachtet.
- Ein digitales Foto ergänzt die schriftliche Wunddokumentation.
- Die Wundumgebung bei Herrn Müller ist normal/mazeriert/ trocken/schuppig/...
- Herr Müller leidet an Stauungsdermatitis / einem Ekzem.
- Der Wundrand ist reizlos/gerötet/unterminiert/eingezogen/...
- Frau Mayer hat kein Wundödem / ein Lymphödem.

- Der Patient hat Schmerzen an der Wunde / keinen Wundschmerz.
- Es gibt keine/eine lokale / eine regionale Infektion.
- Die Exsudatmenge ist gering/mäßig/viel.
- Das Exsudat ist eitrig/serös.
- Das Exsudat riecht nicht/mäßig/stark.

Wunden beschreiben

- Die Wunde ist/war septisch/kontaminiert/infiziert.
- Der Wundränder sind/waren gut durchblutet / gerötet/erhaben/zerklüftet/nekrotisch.
- Die Umgebung der Wunde / Die Wundumgebung ist normal/intakt/mazeriert/schuppig und trocken/ödematös.
- In der Wundumgebung ist ein Ekzem.
- Die Wundfläche war/ist 3,24 cm² groß. (gesprochen: drei Komma vierundzwanzig Quadratzentimeter)
- Der Durchmesser der Wunde war 7,5 cm.
- Die Wunde hat eine Breite von … cm, eine Länge von … cm und eine Tiefe von … cm.
- Die Wunde ist … cm breit, … cm lang und … cm tief.
- Die Wunde war septisch mit viel eitrigem Sekret.
- Wundsekret: Die Wunde ist trocken/blutig/eitrig.
- Die Wunde ist kleiner/größer geworden.
- Die Wunde riecht/roch nicht.
- Der Geruch der Wunde ist übel/stark/mäßig riechend.
- Die Wunde schmerzt / schmerzt beim Verbandwechsel.
- Die Wunde ist geheilt/verheilt.

Wunden: informieren und über Maßnahmen aufklaren

- Die Wunde sieht gut / besser / nicht schlechter aus.
- Die Wunde ist kleiner / leider größer geworden.
- Die Wunde hat sich vergrößert/verkleinert.
- Die Wunde ist genauso groß wie vor einer Woche. Die Wunde sieht unverändert aus.
- Die Wunde eitert nicht mehr so stark wie vorgestern.
- Frau Müller, wir möchten Ihre Wunde am Rücken versorgen / den Verband am Rücken wechseln.

- Ich muss die Wunde noch spülen.
- Haben Sie mehr/weniger Schmerzen als vorher?
- Legen Sie sich bitte auf die Seite. Dann mache ich den Verband ab.
- Ich reinige jetzt die Wunde. Wenn Sie große Schmerzen haben, sagen Sie es.
- Für die Dokumentation muss ich noch die Wunde fotografieren, ich lege ein Maßband daneben.
- Frau Müller, ich lege noch eine Tamponade in die Wunde.
- Darüber kommt eine Wundauflage und dann der Verband.
- Dann fixieren wir den Verband.
- Herr Mayer, Sie haben Glück. Sie brauchen keinen Verband / kein Pflaster mehr, die Wunde ist gut verheilt.

Z

Zufriedenheit erfragen

- Ist alles in Ordnung?
- Was können wir noch für Sie tun?
- Schmeckt es Ihnen?
- Können Sie gut schlafen?
- Vertragen Sie die Infusion?
- Brauchen Sie etwas für die Nacht / zum Schlafen / gegen die Schmerzen / ein Rezept?
- Gibt es sonst noch etwas was ich/wir für Sie tun können?

Zusatzangebote im Haus bekanntgeben

- Für unsere Bewohner/Patienten können wir verschiedene Angebote machen.
- Jede Woche gibt es ein Angebot zur Kunsttherapie / zum Singen / zum Gedächtnistraining.
- Sie können bei uns jeden Morgen um 7.30 Uhr Frühsport machen.
- Mittwochnachmittags haben wir immer einen Lauftreff/Gymnastik.
- In unserem Saal finden regelmäßig Vorträge zu medizinischen oder kulturellen Themen statt.

- Manchmal haben wir auch Musikveranstaltungen oder zeigen Filme.
- In unserem Krankenhaus gibt es eine Kapelle / einen Gebetsraum.
- Bei uns wird jeden Sonntag ein evangelischer/katholischer Gottesdienst / eine Messe gefeiert.
- Der Krankenhausseelsorger besucht Sie auch gern auf Ihrem Zimmer.
- Der Sozialdienst kann Ihnen in allen rechtlichen Fragen und bei Fragen an die Krankenkasse helfen.
- Wenn Sie Fragen zu einer Anschlussheilbehandlung/Reha (Rehabilitationsmaßnahme) oder Kur haben, kann Ihnen unsere Sozialarbeiterin helfen.
- Im Erdgeschoss gibt es eine Cafeteria. Dort können Sie Ihre Angehörigen treffen.
- Für Raucher gibt es eine Raucherterrasse / ein Raucherzimmer.

Glossare

Körperteile und Organe

Deutsche Begriffe und medizinische Fachbegriffe.
Die deutsche medizinische Fachsprache benutzt teilweise im Gespräch mit den Patienten, Bewohnern und Angehörigen deutsche Begriffe. In dieser Aufstellung werden zuerst die deutsche Bezeichnung und dann der medizinische Fachbegriff genannt. In der dritten Spalte können Sie den Begriff in der Muttersprache eintragen. In der vierten Spalte steht die Seite, auf der der Begriff im Kontext mit einem Satzbeispiel benutzt wird.
Diese Tabelle erhebt keinen Anspruch auf Vollständigkeit, das heißt, dass vielleicht nicht alle Wörter, die Sie suchen, aufgelistet sind. Berücksichtigt sind Begriffe aus diesem Buch, dem **Grundwortschatz Pflege und Medizin** von **telc** und aus dem Lehrwerk **Deutsch im Krankenhaus Neu**.

Deutsche Bezeichnung	Fachbegriff	Muttersprache	S.
A			
Achillessehne, die, -n	Tendo calcaneus		
Achsel(höhle), die; -n	Axilla		
Ader, die; -n	Arterie/Vene		
After, der	Anus		38
Arm, der; -e	obere Extremität		25
Arterie, die; -n			26
Atmungssystem, das			26
Auge, das; -n	Oculus		26
B			
Band, das; Bänder	Ligamentum		
Bauch, der	Abdomen		22
Bauchnabel, der	Omphalos		
Bauchspeicheldrüse, die; -n	Pankreas		26
Becken das; -	Pelvis		
Bein, das; -e	untere Extremität		25 26

Deutsche Bezeichnung	Fachbegriff	Muttersprache	S.
Bindehaut, die; -häute	Conjunctiva		
Blinddarm, der	Appendix		
Blut, das	Sanguis		39
Bronchie, die, -n			26
Brust, die; Brüste	Mamma Pectus		
Brustbein, das	Sternum		25
Brustfell, das	Pleura		26
Brustkorb, der	Thorax		25
Brustwirbel(säule), die	BWS		25
D			
Darm, der	Intestinum		33
Daumen, der	Pollex		
Dickdarm, der	Colon		26
Dünndarm, der	Duodenum		26
E			
Eierstock, der; -stöcke	Ovarium		26
Eileiter, der; -	Tuba uterina		26
Elle, die; -n	Ulna		25
Ell(en)bogen, der; -			
F			
Ferse, die; -n			89
Finger, der; -			27
Fingernagel, der, -nägel	Unguis		
Fuß, der; Füße	Pes		
G			
Gallenblase, die	Vesica biliaris		26
Gebärmutter, die	Uterus		26
Gelenk, das; -e	Articulatio		
Gesäß, das	Regio glutealis		21
Geschlechtsorgan, das; -e	Genital Genitalien		
Gesicht, das; -er			
männl. Glied, das	Penis		26
Gliedmaße, die *(Pl.)*	Extremität,-en		25

Deutsche Bezeichnung	Fachbegriff	Muttersprache	S.
H			
Haar, das; -e			91
Hals, der	Collum/Cervix		
Halsschlagader, die; -n	Carotis		27
Halswirbel(säule), die	HWS		25
Hand, die; Hände	Manus		25
Handgelenk, das; -e			
Handknochen, der, -	Ossa manus		25
(Harn)blase, die	Cystis		26
Harnleiter, der; -	Ureter		26
Harnröhre, die	Urethra		26
Hauptschlagader, die	Aorta		26
(Ober)Haut, die	Epidermis		26
Herz, das	Cor		26
Herzbeutel, der	Perikard		
Hoden, der; -	Orchis/Testis		26
Hodensack, der	Scrotum		26
Hüfte, die; -n	Coxa		
K			
Kehlkopf, der	Larynx		26
Kinn, das			
Kitzler, der	Klitoris		26
Knie, das; -	Genu		29
Kniescheibe, die; -n	Patella		25
Knochen, der; -	Os		
Kopf, der; Köpfe	Caput		25
Kreislauf, der			
Kreuzband, das; -bänder	Lig. cruciatum		
Kreuzbein, das	Os sacrum		25
Krummdarm, der	Ileum		
L			
Leber, die	Hepar		26
Leiste, die; -n	Inguen		
Lende, die; -n	Regio lumbalis		

Deutsche Bezeichnung	Fachbegriff	Muttersprache	S.
Lendenwirbel(säule), die	LWS		25
Lippe, die; -n	Labium		
Luftröhre, die	Trachea		26
Lunge, die; -n	Pulmo		26
Lungenfell, das	Pleura		
Lymphknoten, der; -	Nodus lymphaticus		
M			
Magen, der	Ventriculus, Gaster		26
Mandeln, die *(Pl.)*	Tonsillen		
Mastdarm, der	Rektum		26
Milz, die	Splen/Lien		26
Mittelohr, das; -en	Auris media		
Mund, der	Os		27
Mundhöhle, die	Cavum oris		26
Muskel, die; -n	Musculus		
N			
Nacken, der	Nucha		
Nase, die	Nasus externus		26
Nasenbein, das	Os nasale		
Nebenhoden, der; die	Epididymis		26
Niere, die; -n	Ren		26
Nierenbecken, das; -	Pyelon		26
Nerv, der; -en	Nervus		
O			
Oberarm, der; -e	obere Extremität		25
Oberkiefer, der	Maxilla		
Oberschenkel, der; -			25
Oberschenkelknochen, der; -	Femur		25
Ohr, das; -en	Auris externa		26
Ohrläppchen, das; -			38

Deutsche Bezeichnung	Fachbegriff	Muttersprache	S.
P			
Penis, der	Penis		26
Po, der; *ugs.*	Natis		21
R			
Rachen, der	Pharynx		26
Rippe, die; -n	Costa		25
Rippenfell, das	Pleura		26
Rücken, der	Dorsum		25
Rumpf, der	Torso		
S			
Samenbläschen, die *(Pl.)*			26
Samenleiter, der; -			26
Schädel, der	Cranium		61
Schamlippe die; -n	Labien		26
Schambein, das	Os Pubis		
Scheide, die	Vagina		26
Schienbein, das; -e	Tibia		25
Schilddrüse, die	Glandula thyreoidea		26
Schleimhaut, die ; -häute	Mucosa		
Schlüsselbein, das; -e	Clavicula		25
Schulterblatt, das; -blätter	Scapula		25
Sehne, die; -n	Tendo		
Speiche, die; -n	Radius		25
Speiseröhre, die	Ösophagus		26
Steißbein, das	Os coccygis		25
Stirn, die	Regio frontalis		72
U			
Unterarm, der; -e	obere Extermität		25
Unterkiefer, der	Mandibula		
Unterschenkel, der; -	Crus		

Deutsche Bezeichnung	Fachbegriff	Muttersprache	S.
V			
Verdauungstrakt, der	Intestinaltrakt Gastrointestinaltrakt		26
Vorsteherdrüse, die	Prostata		
W			
Wade, die; -n	Regio suralis		
Wadenbein, das	Fibula		25
Wange, die; -n	Bucca		
Wirbel(knochen) der; -	Vertebra		
Wirbelsäule, die	Columna vertebralis		25
Z			
Zahn, der; Zähne	Dens		
Zunge, die	Lingua		27
Zeh, der; -en Zehe, die; -n	Digitus pedis		27
Zwerchfell, das	Diaphragma		26
Zwölffingerdarm, der	Duodenum		

Krankheiten, Krankheitsbilder

Medizinische Fachbegriffe und die deutsche Übersetzung
Bei der Benennung von Krankheiten sollten Sie für die Kommunikation mit Patienten und Angehörigen neben den medizinischen auch die deutschen Begriffe verwenden können.
Manche Begriffe wie *blauer Fleck* für Hämatom sind auch relativ umgangssprachlich. Daneben gibt es noch regionale Varianten. Diese konnten hier nicht aufgenommen werden.
Diese Liste enthält nur die wichtigsten Begriffe. Fachspezifische Termini müssen Sie ggf. ergänzen.
Die vierte Spalte gibt an, wo der Begriff in diesem Buch zum ersten Mal vorkommt und wie er gebraucht wird.
Berücksichtigt sind Begriffe aus diesem Buch, dem **Grundwortschatz Pflege und Medizin** von **telc** und aus dem Lehrwerk **Deutsch im Krankenhaus Neu**.

Deutsche Bezeichnung	Fachbegriff	Muttersprache	S.
A			
Abszess, der; -se	Abszess		
Alkoholabhängigkeit, die	Alkohol abusus		
	Allergie, -n		45
Appetitlosigkeit, die	Inappetenz		29
Arterienverkalkung, die	Arteriosklerose		
Atemnot, die	Dyspnoe		58
B			
Bandscheibenvorfall, der; -fälle	Diskus prolaps		67
Bauchschmerz, der; -en	Abdominal-schmerz		
Bauchspeicheldrüsen-entzündung, die	Pankreatitis		
Behinderung, die; -en (körperlich/geistig/psychisch)	Handycap		
Bein, das; -e (offen)	Ulcus cruris		
Beschwerde, die ; -n			49

Deutsche Bezeichnung	Fachbegriff	Muttersprache	S.
Bindehaut-entzündung, die; -en	Konjunktivitis		
Blasenentzündung, die; -en	Zystitis		41
Blasenschwäche, die	Inkontinenz		30
Blinddarm-entzündung, die	Appendizitis		
Bluterguss, der; -güsse blauer Fleck, der *ugs.*	Hämatom, das		
Bluthochdruck, der	Hypertonie, die		29
bösartig	maligne		
Bronchitis, die	Bronchitis		
Bruch, der; Brüche (Eingeweide)	Hernie, die		
Bruch, der; Brüche (Knochen)	Fraktur,-en, die		
Brustenge, die	Angina pectoris		
D			
Darmentzündung, die; -en	Enteritis Colitis		
Darmverschluss, der; -verschlüsse	Ileus		42
Demenz, die	Dementia		
Depression, die; -en			
Diabetes, der; -			62
Dickdarmentzündung, die	Colitis		
Druckgeschwür, das; -e	Dekubitus, der		22
Druckstelle, die; -n			
Durchfall, der; -fälle	Diarrhoe, die		29
E			
Eierstockkrebs, der	Ovarial-karzinom, das		
Eiter, der	Pus		
Ekzem, das; -e	Dermatitis, die		
Entzündung, die; -en	Inflammation		
Erbrechen, das	Emesis		74
Erkältung, die; -en	grippaler Infekt		72

Deutsche Bezeichnung	**Fachbegriff**	**Muttersprache**	**S.**
F			
Fettleibigkeit, die	Adipositas		
Fieber, das	Febris		37
G			
Gallenblasenentzündung, die; -en	Cholezystitis		
Gallensteinleiden, das	Cholelithiasis		
Gebärmutterkrebs, der	Uteruskarzinom		
Gedächtnisverlust, der	Amnesie, die		
Gefäßverschluss, der; -verschlüsse	Embolie		
Gelenkentzündung, die	Arthritis		
Gelenkverschleiß, der	Arthrose, die		34
Geschwulst, die (auch: das); Geschwülste	Tumor		
Grippe, die; -n	Influenza		
gutartig	benigne		
H			
Haarausfall, der	Alopecia		
	Hämorrhoiden *(Pl.)*		
Halbseitenlähmung, die;	Hemiparese		
Halsschmerzen, die *(Pl.)*			72
Harnwegsinfekt, der			
Hautausschlag, der	Ekzem		
Heiserkeit, die	Dysphonie		
Herzinfarkt, der; -e	Myokardinfarkt		
Herzrasen, das	Tachykardie		
Herzrhythmusstörung, die; -en	Arhythmie		67
Herzschwäche, die	Herzinsuffizienz		
Hexenschuss, der *ugs.*	Lumboischialgie, die		
Hirnhautentzündung, die	Meningitis		
Hodenkrebs, der	Hodenkarzinom		57
Husten, der	Tussis, die		72
I			
Infekt, der; -e			

Deutsche Bezeichnung	Fachbegriff	Muttersprache	S.
J			
Juckreiz, der	Pruritus		72
K			
Kaubeschwerden, die *(Pl.)*			47
Kehlkopf-entzündung, die; -en	Laryngitis		
Keim, der; -e / Erreger, der; -	z.B. Staphylo-kokken		
Knochenbruch, der; -brüche	Fraktur, die		59
Kopfschmerz, der; -en			29
Krampf, der; Krämpfe	Spasmus		
Krampfader, die; -n	Varize		
Krebs, der	Karzinom, das		65
Kreislaufzusammenbruch, der; -brüche	Kreislaufkollaps		
L			
Lähmung, die; -en	Plegie		
Lebensmittelunverträglich-keit, die; -en	Lebensmittel-Allergie		
Leberentzündung, die; -en	Hepatitis		
Lungenembolie, die; -n			
Lungenentzündung, die; -en	Pneumonie		65
M			
Magengeschwür, das; -e	Ulcus ventriculi		
Magenschleimhaut-entzündung, die; -en	Gastritis		
Mandelentzündung, die; -en	Tonsillitis		
Migräne, die			
Mittelohrentzündung; die; -en	Otitis media		
	MS Multiple Sklerose, die		
Müdigkeit, die			

Deutsche Bezeichnung	Fachbegriff	Muttersprache	S.
N			
nächtliches Wasserlassen, das	Nykturie, die		41
Nasenschleimhaut-entzündung; die; -en	Rhinitis		
Nierenentzündung, die; -en	Nephritis		
Nierenleiden, das Nierensteine; die *(Pl.)*	Nephrolithiasis		41
O			
Oberschenkelhalsbruch, der; -brüche	Collum femuris Fraktur, die		85
P			
periphere arterielle Verschlusskrankheit / Schaufensterkrankheit, die	pAVK		
Prostatakrebs, der	Prostatakarzinom		65
R			
Refluxkrankheit, die	*engl.* gastroesophageal reflux disease, GERD		
Rheuma, das			
Rückenschmerzen, die *(Pl.)*			52
S			
Schädelhirntrauma, das	SHT		67
Schilddrüsen-überfunktion, die	Hyperthyreose		
Schilddrüsen-unterfunktion, die	Hypothyreose		
Schlafstörung, die; -	Parasomnie		47
Schlaganfall, der; -fälle	Apoplex(ie), die		47
Schluckbeschwerden, die; -			47
Schnupfen, der	Rhinitis, die		
Schock, der			
Schwäche, die; -n	Insuffizienz		

Deutsche Bezeichnung	Fachbegriff	Muttersprache	S.
Schwellung, die; -en	Ödem		72
Schwindel, der	Vertigo		71
Schwindsucht, die	Tuberkulose, die		
Sehbehinderung, die; -en			
Speiseröhrenentzündung, die; -en	Ösophagitis		
spucken, *ugs. für* erbrechen	Vomitus		
Stuhlinkontinenz, die	Incontinentia alvi		42
Sturz, der			92
T			
	Thrombose		55
U			
Übelkeit, die	Nausea		
sich übergeben kotzen *ugs.*	Vomitus Emesis		
Übergewicht, das	Adipositas, die		32
Untergewicht, das	Kachexie, die		32
Unterzucker, der	Hypoglykämie		
Unfruchtbarkeit, die	Infertilität		
V			
Verdauungs-beschwerden *(Pl.)*	Maldigestion		
Verstopfung, die	Obstipation		40
W			
Wassereinlagerung die; -en	Ödem, das; -e		
Wechseljahre	Klimakterium, das		
Wunde, die; -n	Läsion		88
Z			
Zerrung, die; -en	Distension		
Zittern, das	Tremor		
Zuckerkrankheit, die	Diabetes mellitus, der		62

Arbeitsmittel, Geräte, Dokumente, Räume

Deutsche Fachbegriffe, Synonyme und Berufsjargon

In den deutschen Fachsprachen Medizin und Pflege werden im Berufsalltag Begriffe sowohl aus der Allgemeinsprache als auch aus der Fachsprache benutzt. Daneben gibt es einen gewissen Berufsjargon, der aber von Haus zu Haus und regional unterschiedlich sein kann. In Österreich und der Schweiz werden mitunter auch andere Begriffe benutzt.

In der zweiten Spalte können Sie den Begriff so eintragen, wie er in Ihrem Krankenhaus oder in Ihrer Senioreneinrichtung synonym gebraucht wird. In der dritten Spalte können Sie den Begriff in Ihrer Muttersprache eintragen. Die vierte Spalte gibt an, wo der Begriff in diesem Buch zum ersten Mal vorkommt und wie er gebraucht wird.

Berücksichtigt sind Begriffe aus diesem Buch, dem **Grundwortschatz Pflege und Medizin** von **telc** und aus dem Lehrwerk **Deutsch im Krankenhaus Neu**.

deutscher Fachbegriff bzw. Begriff in Allgemeinsprache	Synonyme/ Berufsjargon	Terminus in der Muttersprache	S.
A			
Abfall, der; Abfälle	Müll, der		75
Abführmittel, das; -	Laxans, das		47
Abrechnung, die; -en			
Abteilung, die; -en			16
Akte, die; -n (Patienten-)			
Ambulanz, die; -en (Unfall-)			16
Ampulle, die; -n			69
Analtampon, das; -s			42
Anamnese, die; Krankengeschichte	med. Vorgeschichte		44
Anamnesebogen, der; -bögen			44
Anrufbeantworter, der; -	AB		80

deutscher Fachbegriff bzw. Begriff in Allgemeinsprache	Synonyme/ Berufsjargon	Terminus in der Muttersprache	S.
Antithrombosestrümpfe, *die (Pl.)*	AT-Strümpfe		56
Arbeitsfläche, die; -n			
Arzneimittel, das; - Arznei, die; -en	Medikament/ Präparat, das		69
Arztbrief, der; -e			45
ärztliche Anordnung, die; -en			
(Patienten-)Aufnahme, die			44
(Röntgen-)Aufnahme, die			55
Aufnahmebogen, der; -bögen; -formular, das; -e			44
Aufwachraum, der; -räume			50
Aufzug, der; -züge	Lift, der		16
Augenspiegel, der; -			
Ausfuhrprotokoll, das; -e			40
B			
Bademantel, der; -mäntel			22
Badewannenlift, der; -e			76
Bedarfsmedikation, die			66
Befund, der; -e (Dokument)			30
Beipackzettel, der; -			69
Belegungsplan, der; -pläne			
Besucherzimmer, das; -			17
Betäubungsmittel, das; -	BtM		69
Bett, das; -en			21
Bettdecke, die; -n			
Betteinlage, die; -n	Inkotex		21
Bettgitter, das; -			
Bettkante, die; -n			23

deutscher Fachbegriff bzw. Begriff in Allgemeinsprache	**Synonyme/ Berufsjargon**	**Terminus in der Muttersprache**	**S.**
Bett-/Nachtkästchen, das; -			18
Bettpfanne, die; -n	Bettschüssel		
Bettrahmen, der; -			
Bettseitenteil, das; -e			
Betttuch, das; -tücher			21
Bettzeug, das; *kein Pl.*			
Beutel. der; - (Müll-, Wäsche-, Abfall-, Urin-)			
Binde, die; -n			
Bilanzblatt, das; -blätter			41
Biographieakte, die; -n			
Biografiebericht, der, -e			48
(Eigen-/Fremd-)blut, das			
Blutabnahmeröhrchen, das; -			18
Blutbild, das; -er			82
Blutdruckmanschette, die;			37
Blutdruckmessgerät; das; -e Blutdruckmesser, der; -			75
Blutgasanalyse, die; -n	BGA		57
Braunüle, die; -n	Kanüle/Nadel		67
Brille, die; -n			18
Butterfly®, die; -s	Flügelkanüle		
C			
Computermaske, die; -n			34
Computertomogramm, das; -e	CT		16
Creme, die; -s			47
D			
(Blasen-)dauerkatheter, der; -	(B)DK, der		29

deutscher Fachbegriff bzw. Begriff in Allgemeinsprache	Synonyme/ Berufsjargon	Terminus in der Muttersprache	S.
Decke, die; -n			21
Defibrillator, der; -en	AED, Defi		
Desinfektionsmittel, das; -			75
Dienst, der; -e; Früh-, Spät-; Nacht-; Bereitschaftsdienst			13
Dienstplan, der; -pläne			13
Dispenser, der; - Wochentablett, das; -s			73
Dokumentation, die; -en -sformular, das; -e			42
Dosieraerosol, das; -e	Dosierspray		
Dosierung, die; -en; Dosis, die	Arzneimenge		70
Dragee, das; -s			70
Drainage, die; -n			29
Dreiwegehahn, der; -hähne			62
E			
Einfuhr- und Ausfuhrprotokoll, das; -e	Bilanzierungsprotokoll		40
Eingangsbereich, der; -e			17
Einlage, die; -n; (Inkontinenz-, -vorlage); *ugs.* Windel, die; -n			76
Einmalhandschuhe, die; -			91
Einmalspritze, die; -n			75
Einrichtung, die; -en (Möbel)			
(Senioren-)Einrichtung (Heim)			10
Eintrag, der; -träge (bei Formularen)			93

deutscher Fachbegriff bzw. Begriff in Allgemeinsprache	Synonyme/ Berufsjargon	Terminus in der Muttersprache	S.
Einverständniserklärung, die			63
Einweisung, die; -en			
Eispackung, die; -en	Coldpack		
Elektrode die; -n			
Elektrokardiogramm, das; -e	EKG, das		
Elektrolyte, die *(Pl.)*			
Elektronische Datenverarbeitung, die	EDV		
Empfang, der	Pforte, die		16
Endoskop, das; -e			
Entlassungsbrief, der; -e			
Essenswagen, der; - (*süddt.* -wägen)			17
F			
Faden, der; Fäden			29
Fadenmesser, das; -			
Fahrstuhl, der; -stühle	Aufzug/Lift		17
Fäkalienspüle, die; -n			17
Feuerlöscher, der; -			
Fieberkurve, die, -n			
Fieberthermometer, das; -			75
Flexüle®, die; -n	Kanüle/Zugang		75
Flur, der; -e; der Gang	Korridor		16
Fußstütze, die, -n			21
G			
Gehhilfe, die; -n;	Krücke *ugs.*		46
Gehstock, der; -stöcke			46
Gehwagen, der; -	Rollator		46
Gel, das; -e			38
Geräteraum, der; -räume			17
Gipsschiene, die; -n			

deutscher Fachbegriff bzw. Begriff in Allgemeinsprache	Synonyme/ Berufsjargon	Terminus in der Muttersprache	S.
Gipsverband, der; -bände	Gips, der *ugs.*		
Gymnastikball, der; -bälle			
H			
Haarschutz, der			91
Haken, der -	Retraktor		
Halskrawatte, die; -n; -krause			
Handbuch, das; -bücher			
Handschuh, der; -e (Untersuchungs-, Einmal-, steriler H			91
Handtuch, das; -tücher			22
Handzeichen, das; -			66
(Kopf-)Haube, die; -n; (OP-)Haube			56
Hausnotruf, der; -e			24
Hautcreme, die; -s			22
Hilfsmittel, das; -			46
HNO-Abteilung, die			17
Hol- und Bringdienst, der; -e			65
Hörgerät, das; -e			18
Hygieneplan, der; -pläne Desinfektionsplan, der; -pläne	-		90
I			
Infusion, die; -en; Infusionsflasche, die; -n	Tropf, der		60
Infusionsbesteck, das; -e			75
Infusionspumpe, die, -n	Infusomat®, der		75
Infusionsset, das; -s; -system, e			62
Infusionsständer, der; -			75
Inhalationsspray, das; -s	Aerosol		

deutscher Fachbegriff bzw. Begriff in Allgemeinsprache	Synonyme/ Berufsjargon	Terminus in der Muttersprache	S.
Injektion, die; -en	Spritze		62
Inkontinenzeinlage, die; -n auch –vorlage, die; -n			41 18
Inkontinenzmaterial, das; - ien	Inkomaterial		
Intensivstation, die; -en			16
Isolierzimmer, das; -			
K			
Kamm, der; Kämme			22
Kanüle, die; -n (Venenverweil)kanüle	Nadel		75
Kanülenabwurfbehälter, der, -			75
Kapsel, die; -n			73
Kästchen, das; - (Tabletten-)			73
Katheter, der; -			
Keller, der; -			18
Kernspint, das/die; Kernspintomographie, die; -n	MRT		83
Kittel, der; - (Schutz-)			91
(Kopf-)Kissen, das; -;			21
kleines Kissen, das; -	Fätzchen/Hansel		
Kissenbezug, der; -bezüge			
(Wund)Klammer, die; -n			29
Klemme, die; -n			
Klingel, die; -n	Glocke/Notruf		
Klistier, das; -e			42
Kompresse, die; -n			72
Kontaktlinsen, die *(Pl.)*			56
Kopfkissen, das; -			21
Kopfteil, das; -e			21

deutscher Fachbegriff bzw. Begriff in Allgemeinsprache	Synonyme/ Berufsjargon	Terminus in der Muttersprache	S.
Krankenakte, die; -n	Patientenakte		39
Krankenbett, das; -en			
Krankenhaushemd, das; -en *ugs.* Nachthemd	Flügelhemd/ OP-Hemd		22
Krankenkurve, die; -n	Patientenkurve		39
Kranken(transport)wagen, der; - / KTW; -wägen	Rettung *österr.*		
Krankenversichertenkarte, die			
Kreißsaal, der; -säle			
Krücken, die; -	Gehhilfe		23
Kühlschrank, der; -schränke			
Kulturtasche, die; -n; -beutel, der; -	Waschbeutel		
Kurve, die; -n, Kurven-blatt, das; -blätter; -dokumentation			66
L			
Labor, das; -e (Raum) (Blutwerte)			17 19
Lagerraum, der; -räume			75
Lagerungskissen, das; -			
(Bett-, Steck-)Laken, das; -			21
Lanzette, die, -			38
Leukoplast®, das; -e *ugs.* das Pflaster	Fixierpflaster		
Liege, die; -n (Untersuchungs-, OP-)			56
Lineal, das; -e (EKG-)Lineal			
Lösung, die; -en; (Kochsalz-)			

deutscher Fachbegriff bzw. Begriff in Allgemeinsprache	**Synonyme/ Berufsjargon**	**Terminus in der Muttersprache**	**S.**
Lotion, die; -en			
Lutschbonbon, das; -s			72
M			
Magensonde, die; -n			62
Magnetresonanz-tomographie, die	MRT		16
Maßband, das; -bänder			90
Maßeinheit, die; -en			39
Matratze, die; -n			
Medikament, das; -e *ugs.* die Medizin	Arznei/ Präparat		24
med. Thrombose-prophylaxestrumpf, der; -strümpfe	MT-Strumpf		22
Messgerät, das; -geräte			
Messwert, der; -e			39
Miktionsprotokoll, das; -e			41
Mullbinde, die; -n			
Mundschutz, der; -e			
N			
Nachthemd, das; -en			22
Nachtschrank, der; -schränke;	Nachttisch		31
Nahtmaterial, das; -ien			
Namenskürzel, das; -			92
Namensschild, das; -er	Handzeichen		
Netzhose, die; -n			41
Nierenschale, die; -n			40
Notaufnahme, die; -n	(Notfall-) ambulanz		16
(Not-)klingel, die; Notglocke			91
O			
Ohrenspiegel, der; -	Otoskop, das		
Ohrthermometer, das; -			37

deutscher Fachbegriff bzw. Begriff in Allgemeinsprache	Synonyme/ Berufsjargon	Terminus in der Muttersprache	S.
OP, Operationssaal, der; -säle	OP		56
OP-Hemd, das; -hemden	Flügelhemd		56
OP-Liege, die; -n			56
OP-Schleuse, die; -n			56
OP-Trakt, der; -e			16
P			
Packung, die; -en; Klinik-, Anstalts-			
Packungsbeilage, die; -n	Beipack-/ Waschzettel, der		70
Patientenakte, die; -n			39
Patientenkurve, die; -n -			39
Patientenlifter, der; -			75
Patientenverfügung, die; -en			59
Perfusor, der; -en			75
Personalabteilung, die			16
pflanzliches Mittel, das; -			73
Pflaster, das; - *ugs.*	Heftpflaster		
Pflegeanamnesebogen, der; -bögen			
Pflegebett, das; -en			92
Pflegebericht, der; -e			93
Pflegegrad, der; -e			24
Pflegemittel, das; -			
Pflegeplan, der; -pläne			
Pflichtfeld, das; -er (bei Formularen)			92
Pforte, die; -n	Eingang, der		16
Piepser, der; -			
die Pille *ugs.* Antibabypille, die	Ovulations-hemmer		
Pinzette, die; -n			

deutscher Fachbegriff bzw. Begriff in Allgemeinsprache	Synonyme/ Berufsjargon	Terminus in der Muttersprache	S.
Präparat, das; -e	Arzneimittel		
Praxis, die; Praxen (Arzt-)			
Protokoll, das; -e; (Pflege-)			66
Pulsuhr, die; -en			
Pulver, das; -			
Q			
QM-Formular, das; -e Qualitätsmanagement-F.			
R			
Rasierer, der; Einmal-			
Reflexhammer, der; -hämmer			
Rehabilitationsklinik-/ einrichtung, die	Reha		79
Rettungsleitstelle, die; -n			85
Rezept, das; -e			34
Ringerlösung, die; -en			41
Rollator, der; -en	Gehwagen		18
Rollstuhl, der; -stühle			17
Röntgenraum, der; -gerät, das			
Röntgenbild, das; -er	Röntgenaufnahme, die; -n		55
Rote Liste, die			76
S			
Salbe, die; -n; (Venen-/ Haut-)			70
Sanitätshaus, das; -häuser			41
Schale, die; -n			
Schere, die; -n			
Schicht-/Dienstplan, der; -pläne			13
Schlafanzug, der; -züge			22

deutscher Fachbegriff bzw. Begriff in Allgemeinsprache	Synonyme/ Berufsjargon	Terminus in der Muttersprache	S.
Schlafmittel, das; -	Hypnotikum		47
Schlauch, der; Schläuche			62
Schmerzkatheter, der; -			
Schmerzmittel, das; -	Analgetikum		58
Schmutzwäschesack, der; -säcke			75
Schnabelbecher, der; -; -tasse			32
Schutzhandschuh, der; -e			75
Skalpell, das; -e			
Sonde, die; -n			
Sozialdienst, der; -e			17
Spatel, der; - (Abstrich-) spatel			
Speiseplan, der; -pläne			33
Speisesaal, der; -säle			10
Spray, das; -s (Nasen-/Haut-)			23
Sprechstunde, die; -n			19
Sprechzimmer, das; -			27
Spritze, die; -n; (Einweg-)			51
Spuckbeutel, der, -			40
Spülmaschine, die; -n			75
Stammdatenformular, das; -e auch: Stammblatt, das; -blätter			39
Station, die; -en			8
Stationszimmer, das			16
Stationsstützpunkt, der; -e			16
Stauschlauch, der; -schläuche	Tourniquet		
Steckbecken, das; Bettpfanne	Bettschüssel, die		40

deutscher Fachbegriff bzw. Begriff in Allgemeinsprache	Synonyme/ Berufsjargon	Terminus in der Muttersprache	S.
Stecklaken, das; -	Durchzug, der		21
Sterilisiergut, das	Sterilgut		91
Stethoskop, das; -e			27
Stuhl, der *med.*	Kot		40
Stuhlprobe, die; -n			
Stuhlprobenröhrchen, das; -			
Sturzprotokoll, das; -e			91
T			
Tablette, die; -n			69
Tablettendispenser, der; -			
Tamponade, die; -n			
Thermometer, das; - (Fieber-)			37
Thrombosepropylaxe-strümpfe, die *(Pl.)* Stützstrümpfe	MT-Strümpfe		22
Toilettenstuhl, der; -stühle			75
Tropf der *ugs.*	Infusionsflasche		72
Tropfen, die; *(Pl.)*			57
Tubus, der; Tuben (Endotracheal-)Tubus	Schlauch		
Tuch, das; Tücher; (Loch)tuch			
Tumormarker, der; -			61
Tupfer, der; - (Operations-)			38
U			
Überschuhe, die; -			
Überwachungsbogen, der; -bögen; -protokoll, das; e			58
Überwachungsmonitor, der; -e			

deutscher Fachbegriff bzw. Begriff in Allgemeinsprache	Synonyme/ Berufsjargon	Terminus in der Muttersprache	S.
Überweisung, die; -en			45
unreiner Raum, der; Räume			17
Unterarmgehstütze, die; -n	Krücke		
Unterlage, die; -n	Bettschutz, der		55
Unterlagen *(Pl.)*	Kranken-dokumente		55
Untersuchungsliege, die; -n			26
Untersuchungszimmer, das; -			17
Unterwäsche, die *(Pl.)*			26
Urinauffangsystem, das; -e			40
Urinbeutel, der; -; -flasche, die			40
V			
Venenkatheter, der; der zentrale Venen-katheter	ZVK		38
Venenverweilkanüle, die; -n	peripherer Zugang		
Venenverweilkatheter, der; -; peripherer Venenverweilkatheter	PVK		
Verband, der; Verbände			18
Verbandsmaterial, das; - ien			75
Verlegungsbrief, der; -e			
Verpflegung, die; -en			34
Vorsorgevollmacht, die; -en			59

deutscher Fachbegriff bzw. Begriff in Allgemeinsprache	**Synonyme/ Berufsjargon**	**Terminus in der Muttersprache**	**S.**
W			
Wärmflasche, die; -n	Thermophor		64
Warteraum, der; -räume			17
Waschbecken, das; -			22
Wäschesack, der; -säcke			
Wäschewagen, der; -wagen (*süddt.* -wägen)			
Waschlappen, der; -			22
Waschschüssel, die; -n			22
Watte, die; -			
Windel, die; -n; (Baby-, -hose)			76
Wohnbereich, der; -e			9
Wundauflage, die; -n			90
Wunddokumentation, die; -			89
Wundverband, der; -verbände			58
Z			
Zahnbürste, die; -n			22
Zahnprothese, die; -n	Gebiss, das		46
Zäpfchen, das; - (Vaginal-)	Suppositorium		71
Zentrale, die; -n (Notruf-/ ambulante Pflege-)	Leitstelle		16
Zentrallabor, das; -e; -lager, das; -			16

Medizinische und pflegerische Abkürzungen

Deutsche Abkürzung und ausgeschriebene Version
In der ersten Spalte werden die Abkürzungen dargestellt, wie sie im deutschsprachigen medizinischen und pflegerischen Alltag verwendet werden. In der zweiten Spalte steht die ausgeschriebene oder ausgesprochene Version. In der dritten Spalte können Sie den entsprechenden Terminus oder die Abkürzung aus Ihrem Land eintragen. Alle Abkürzungen aus dem **Grundwortschatz Pflege und Medizin** von **telc** und aus dem Lehrwerk **Deutsch im Krankenhaus Neu** sind aufgenommen.

Abkürzung	ausgeschrieben/ausgesprochen	Muttersprache
A		
A. Aa.	Arteria, Arteriae	
a.e.W.	auf eigenen Wunsch	
ABEDLs	Aktivitäten und Beziehungen des täglichen Lebens	
AEDL	Aktivitäten und existenzielle Erfahrungen des Lebens	
AF	Atemfrequenz, die	
AHB	Anschlussheilbehandlung	
Ak	Antikörper, der	
AM	Arzneimittel, das/die	
AMY	Pankreas-Amylase, die	
angeb.	angeboren	
Ap	apothekenpflichtig	
ATL	Aktivitäten des täglichen Lebens	
ATS	Antithrombosestrumpf, der	
AZ, der	Allgemeinzustand, der	
B		
b.B.	bei Bedarf	
BB	Blutbild, das	
Bef.	Befund, der	
BG	Blutgruppe, die	
BGA	Blutgasanalyse, die	
BILD/BILI	Bilirubin, das BILG	

Abkürzung	ausgeschrieben/ausgesprochen	Muttersprache
BSG	Blutsenkungsgeschwindigkeit, die	
BMI, der	Body-Mass-Index	
BSG	Blutsenkungsgeschwindigkeit, die	
BtM	Betäubungsmittel, das; -	
BWS, die	Brustwirbelsäule	
Bufdi *bj.*	Bundesfreiwilligendienstleistender	
BZ, der BZ mg/dl	Blutzucker Milligramm pro Deziliter	
C		
Ca	Calcium, das	
CED	chronisch entzündliche Darmerkrankung, die	
CHO	Cholesterin, das	
chron.	chronisch	
COPD	*engl.* Chronic obstructive pulmonary disease	
Cra./Krea.	Kreatinin, das	
CRP	C-reaktives Protein, das	
CT, die/das	Computertomographie, die -n	
D		
DD	Differentialdiagnose, die	
Defi, der	Defibrillator	
Diagn.	Diagnose, die	
DK	Dauerkatheter, der	
DM	Diabetes mellitus, der	
DS	Dauersonde, die	
DV	Druckverband, der	
E		
Echo	Echokardiogramm, das	
EDV, die	Elektronische Datenverarbeitung	
Einh.	Einheit, die	
EK	Erytrozytenkonzentrat, das	
EKG	Elektrokardiogramm, das	
Elyte	Elektrolyte, die *(Pl.)*	
Erys	Erytrozyten, rote Blutkörperchen	

Abkürzung	ausgeschrieben/ausgesprochen	Muttersprache
ET	endotracheal	
EZ	Ernährungszustand, der	
F		
Fe	Ferrum, Eisen, das	
FEM, die	freiheitsentziehende Maßnahme	
FFP	*engl.: fresh frozen plasma*	
Fib	Fibrinogen	
G		
geb.	geboren	
GFR	glomeruläre Filtrationsrate	
GKV	Gesetzliche Krankenversicherung	
Gtt.	Tropfen, die *(Pl.)*	
H		
HA	Hausarzt, der	
Hb	Hämoglobin	
HF	Herzfrequenz, die	
Hg/Hgb, das	Hämoglobin	
Hk/Hkt	Hämatokrit, der	
HK	Herzkatheterisierung, die	
HI	Herzinfarkt, der	
HNO	Hals-Nasen-Ohren	
HWS	Halswirbelsäule, die	
I		
i.m.	intramuskulär	
i.N.	im Normbereich	
Inf.	Infusion, die	
INR	*engl.* international normalized ratio, Quickwert, der	
i.R.	in Ruhe	
ITS	Intensivstation, die	
i.v.	intravenös	
K		
Ka	Kalium, das	
Kath.	Katheter, der	
kcal	Kilokalorie, die *(meist Pl.)*	

Abkürzung	ausgeschrieben/ausgesprochen	Muttersprache
KG	Körpergewicht, das auch: Krankengymnastik, die	
KH	Krankenhaus, das	
KHK	koronare Herzkrankheit, die	
kj	Kilojoule, die	
klin.	klinisch	
Krea	Kreatinin, das	
KTW	Krankentransportwagen, der	
KV	Krankenversicherung auch: Kassenärztliche Vereinigung	
L		
Leukos, die *(Pl.)*	Leukozyten, weiße Blutkörperchen	
LG	Leistungsgruppe, die	
li.	links	
Lig.	Ligamentum, das	
LK	Leistungsklasse, die	
LP	Lumbalpunktion, die	
LUFU	Lungenfunktion, die	
M		
M./Mm.	Musculus, Musculi	
MDK	Medizin. Dienst der Kranken- versicherung	
Med.	Medikament, das	
mg	Milligramm, das	
ml	Milliliter, der	
MI/AMI	Myokardinfarkt, der; akuter M.	
MOF	*engl.* multiple organ failure, Multiorganversagen, das	
MRT, die/das	Magnetresonanztomographie, die	
MS	Multiple Sklerose, die	
MSU	Mittelstrahlurin, der	
MT-Strümpfe	Medizinische Thrombosestrümpfe	
MTA	Medizinisch-technische(r) Assistentin/Assistent, die/der	

Abkürzung	ausgeschrieben/ausgesprochen	Muttersprache
N		
Na	Natrium, das	
nAP	nicht apothekenpflichtig	
NBZ	Nüchternblutzucker, der	
NSAID	nichtsteroidale Antiphlogistika	
NW	Nebenwirkung, die	
O		
OA / OÄ	Oberarzt, der / Oberärztin	
o.B.	ohne Befund	
OP, die/der	Operation, die / Operationssaal, der	
o.p.B.	ohne pathologischen Befund	
Org.	Organ, das	
P		
P	Puls, der (Schläge pro Minute)	
Pat.	Patient, der / die Patientin	
pAVK	periphere arterielle Verschluss-krankheit, die	
PEG	perkutane endoskopische Gastrostomie, die	
PDL, die	Pflegedienstleitung, die Pflegedienstleiter, der / die -in	
PFK	Pflegefachkraft, die	
Pfl.	Pfleger, der / Pflegerin, die	
PHK	Pflegehilfskraft, die	
PKV	Private Krankenversicherung, die	
p.o.	per os, orale Einnahme, die	
PP	Pflegepersonal	
PTT	partielle Thromboplastinzeit, die	
Q		
QM	Qualitätsmanagement, das	
R		
re	rechts	
Reha	Rehabilitation, die	
RG	Rasselgeräusch, das	
Rö	Röntgen, das	

Abkürzung	ausgeschrieben/ausgesprochen	Muttersprache
Rp	rezeptpflichtig	
RR	Blutdruck nach Riva-Rocci	
S		
s.c.	subcutan	
SGB V	Sozialgesetzbuch, das *hier* Teil-V Krankenkassenleistung	
SGB XI	*hier* Teil-XI Pflegeversicherung	
SHT	Schädel-Hirn-Trauma, das	
Sono	Sonographie, die	
Sr.	Schwester, die; -n	
stdl.	stündlich	
SSW	Schwangerschaftswoche, die	
supp.	Suppositorium (Zäpfchen)	
T		
T	Temperatur (Grad Celsius)	
Tbl.	Tablette, die	
TEP	Totalendoprothese, die	
tgl.	täglich	
Ther.	Therapie, die	
Thrombos	Thrombozythen, die *(Pl.)*	
TK	Thrombozytenkonzentrat	
Tpf.	Tropfen, der	
U		
UAW	unerwünschte Arzneimittelwirkung	
V		
V.a.	Verdacht auf, der	
V./Va:	Vena/Venae	
W		
WW	Wechselwirkung, die	
Z		
Z.n.	Zustand nach, der	
z.N.	zur Nacht	
ZNS	Zentralnervensystem, das	
ZVD cm H2O	zentralvenöser Druck, der	
ZVK, der	zentraler Venenkatheter, der	

Buchstabiertafel
Zahlen und Monatsangaben

Um Missverständnisse zu vermeiden, kann man buchstabieren.
Dazu werden manchmal Wörter aus der Buchstabiertafel genutzt.
Dann heißt es „a wie Anton".
Bei den Zahlen und Monaten braucht man nur wenige Hilfen.

Buchstaben	deutsch	international
A	Anton	Amsterdam
Ä	A-Umlaut wie Ärger	
B	Berta	Baltimore
C	Cäsar	Casablanca
Ch	Charlotte	
D	Dora	Dänemark
E	Emil	Edison
F	Friedrich	Florida
G	Gustav	Gallipoli
H	Heinrich	Havanna
I	Ida	Italia
J	Julius	Jerusalem
K	Kaufmann	Kilogramme
L	Ludwig	Liverpool
M	Martha	Madagaskar
N	Nordpol	New York
O	Otto	Oslo
Ö	O-Umlaut wie Ökonom	
P	Paula	Paris
Q	Quelle	Quebec
R	Richard	Roma
S	Samuel	Santiago
Sch	Schule	
T	Theodor	Tripoli

Buchstaben	deutsch	international
U	Ulrich	Uppsala
Ü	U-Umlaut wie Übermut	
V	Viktor	Valencia
W	Wilhelm	Washington
X	Xanthippe	Xanthippe
Y	Ypsilon	Yokohama
Z	Zacharias	Zürich

Zahlen	deutsch	international
2	zwei oder zwo	
3	drei	

Monate	deutsch	international
Juni	Juni oder Juno	
Juli	Juli oder Julei	